の恋愛は
です！

牟田和恵
Muta Kazue

a pilot of wisdom

目次

第三章　恋愛がセクハラになるとき――――――――――――――――――――――――――65

――ときめきスイッチが入ったときはもう橋をわたっている

第六章　オフィスにセクハラの種はつきまじ

はじめに　セクハラとは?

セクハラ（セクシュアル・ハラスメント）とはどんなことでしょうか?

一九八〇年代末に登場した新語ながら（一九八九年、「セクシャル・ハラスメント」がユーキャン新語・流行語大賞の新語部門金賞を受賞しました）、今ではすっかり定着したセクハラという言葉。女性社員にスリーサイズを聞いたり、まだ結婚しないのかとしつこく言うこと、身体を触ったり無理にキスしたりすることだろう、それくらいはもう常識、という男性は多いでしょう。でも、それほど常識なのに、なぜセクハラで訴えられたり告発されたりする男性が後を絶たないのでしょうか?　そう考えれば、セクハラとは何か、どういうことがセクハラにあたるのかを、自信を持ってはっきりと言える人は少ないのではないでしょうか。

日本で初めて企業にセクハラ防止を求めた法律である一九九九年施行の改正男女雇用機会均等法（正式名称「雇用の分野における男女の均等な機会及び待遇の確保等に関する法律」。以下、「均等法」といいます）の二一条では、セクシュアル・ハラスメントを、

職場において行われる性的な言動で女性労働者の対応によりその労働条件につき不利益を受けること、またはその性的な言動により当該女性労働者の就業環境が害されること

と定義しました（なお、二〇〇七年改正で女性だけでなく男性労働者もセクハラの被害対象に含まれました）。この定義からは、会社で女性社員に性的言動を行うことが問題というのはわかりますが、あまりに抽象的でいま一つピンと来ません。

『広辞苑』（第六版）では、「セクシャル・ハラスメント」を、

性にかかわって人間性を傷つけること。職場や学校などで、相手の意に反して、とくに女性を不快・苦痛な状態に追いこみ、人間の尊厳を奪う、性的なことばや行為。性的い

やがらせ。セクハラ。

と説明しています。均等法よりも、踏み込んだ表現です。この定義では、セクハラが非常に悪質で、許されない行為であることが強調されていますが、どんなことがセクハラにあたるかは、やはり具体的ではありません。

このようにセクハラが、ちょっとしたエッチな行為なのではなく、深刻な人権侵害にもあたることだという理解がなされるようになったのは重要です。でも、これでは逆に、非常に悪質で許されない人権侵害でなければ、セクハラではないと言っているかのようにも思えます。これは、フツウの男性（女性もです）の感覚とは違っているのではないでしょうか？

- 決して、それほど悪質なことをしたわけではないと思うのだが、セクハラだと言われてしまった……。
- これってセクハラじゃないかと思うけど、「尊厳を奪う」なんて大げさなことではない……。

・向こうも自分に好意があって付き合っていたと思っていたのに、後からセクハラだと訴えられた。なぜこんなことがセクハラになるのか？

こんな疑問が湧《わ》く、よくあるふるまいやできごとは、セクハラなのかどうなのか？　それを考えるには、均等法の定義も『広辞苑』もあまり役に立たないように思えます。当事者にとっても、職場の上司・管理職としても悩ましいのは、いったいこれはセクハラなのか、それとも違うのか？　という場合。そして実際、職場で問題として起こってくるものの大半は、微妙なケースです。誰の目にも明らかな性的強要や尊厳を傷つける言動など、まっとうな職場ではそうそう起こるものではありません（と、願いたいものです）。

では、均等法や『広辞苑』は、よっぽど特別の場合のことを言っているのでしょうか？　フツウの職場、常識的な人々の間では起こり得ないことをわざわざ取り上げているのでしょうか？

そう考えるのは、ちょっと待ってください。そんなふうに考えていると、思い切り失敗しかねません。
というのは、『広辞苑』の記述が間違っているというわけではないのですが、実際はセクハラとは、もっと幅広いかたちで現れるものなのです。そしてもっと大事なことは、セクハラでは、同じことがらが、立場によっていろいろな見え方で見えるものなのです（映画『羅生門《らしょうもん》』のようなものであることを第一章で詳しく述べます）。尊厳を傷つけるような行為であっても、傍目《はため》にはそうは見えなかったり、セクハラした方はまったく気付いていなかったり。そんなことがしょっちゅうです。

私は、「セクハラ」という言葉が誕生する前、日本で初めてセクシュアル・ハラスメント（当時はまだ、「性的嫌がらせ」という言い方のほうが一般的でした）を不当な人権侵害として訴えてセクハラ裁判第一号となった福岡セクハラ訴訟（一九八九年。一九九二年原告側勝訴判決）に深くかかわったほか、研究者として、また女性運動の活動家として、研究・実践の両面で、多数のセクハラの事例を調査・見聞してきました。いくつもの裁判で専門家として意見書を書いたり、裁判の戦略を練るチームの一員としても活動しました。

セクハラの訴えの真偽を調べる調査員の経験も豊富ですし、処分をされたハラッサー（「ハラスメントをする人」という意味で、「ハラッサー」と呼ばれます）が処分を不服として会社や大学を訴える対抗訴訟についての調査をしたこともあります。

その経験からわかったのは、悪いと知っていてやったという、いわば「確信犯」（本来は信念に基づいてやるのが「確信犯」ですから、ちょっと違うのですが）のハラッサーはめったにおらず、合意の付き合いだった、相手が嫌がっているとは思わなかった、まったく悪気はなかった……というケースが実に多いことです（かといって、「だから仕方がない」などとかばっているのではありませんので念のため）。どんなセクハラも、できごとのプロセスの中では、事態はいろんな様相を呈します。周囲からは恋愛関係にあると見られていたり、ハラッサーが指導に熱心な上司・教師と高く評価されていたりします。また、セクハラをしたとされる男性が皆、見るからに悪辣《あくらつ》で非常識な男性というわけでもありません。それどころか、むしろたいていが家庭を大切にする良識人です。それに、当事者の男女にとっても、どう感じていたか、どう受け止めたかは、タイミングや時期によっても変わるのです。

それなのにセクハラを単純に、「嫌がっている相手にする悪い行為」などと捉《とら》えていると、そういったセクハラの現実《リアリティ》は見えてきません。

しかし、現代の職場に生きる者として、わからない・知らないと判断停止、思考放棄するわけにはいきません。そんなことをすれば、自分が気付かぬままにハラッサーとなってしまったり、管理職でありながら無責任にも問題の拡大に手を貸してしまったりすることになります。

そこで本書は、セクハラ問題に関する一般の啓発書やハウツー本とは違って、外からは見えないセクハラの裏事情を詳しく解説し、より深くセクハラ問題を理解していただくことに重きを置きます。現実に生じるセクハラは、お役所や会社、大学が発行している防止パンフレットやマニュアルに出ている事例とはだいぶ違うもの。リアリティあるセクハラの現れ方、セクハラ問題が起きたときの対処の仕方をお教えします。

そしてとくに本書では、なぜ男性はセクハラしていること、セクハラと受け取られることに気付かないのか、セクハラと訴えられてもその理由が理解できないのはなぜなのかに、焦点を当てます。言い換えれば、男性にはなぜ「現実」が見えないのか。セクハラしたつもりはないのに、セクハラだと訴えられる、「理不尽」と思える目になぜ遭わなければならないのか。そして、「自分はやっていない」と主張しているうちに、男性にとって事態はますます悪化していく……。どうしたらそんな目に遭うのを防げるのか——そうしたことを考えていきます。

セクハラにもいろいろなパターンがありますが、とくに、男性の側は合意の付き合いと思っていたものがセクハラとされるケースや、交際に至ってはいなくとも相手の真意を取り違えた男性のふるまいがセクハラとなってしまうケース、そして男性の不用意な行動や言葉が思わぬトラブルを招きセクハラとなってしまうケースを中心に、セクハラをめぐる誤解やあつれきについて詳しく述べます。そして男性には不本意に思える、セクハラ発生のメカニズムと背景に分け入って、男性が気付けない理由を解き明かし、予防のためのレッスンを提案します。

本書はまた、セクハラなんて自分には直接関係ない、とお考えの方にも役立つはずです。職場の同僚や部下同士で、クライアント・取引先と社員の間で、正社員と派遣・契約社員の間で……セクハラは、どこででも起こります。しかも、上司や周囲の人々の無理解な対応やふるまいが、セクハラをおおごとの「事件」にしてしまうケースは実に多いのです。

そんなことにならないよう、上司として同僚として仲間として、問題解決のためにできることはたくさんあります。問題を最小限にとどめて「被害」を出さないことは、会社の生産性と人事管理、職場のよりよい環境作りのため大事なこと。恋愛がらみであろうがなかろうが、セクハラをめぐることがらには誤解や思い込みがはなはだ多く、そのために事態が紛糾してしまうことが多いのです。組織で起こってくるセクハラ問題に、ムダな苦労をせずに済む実効性ある対応を取りましょう。

なお、本書で述べている事例は、とくに断り書きのない限りすべて、裁判や労働審判で争われた事件をはじめ、実際に起こったケースをもとにしています（プライバシー保護のため、詳細は変えてあります）。公務員の事例が多いという印象を持たれるかもしれませんが、それは、民間企業では、裁判になったり公的機関に訴え出たりしない限り、処分が行われても内部秘とされ情報が外に出にくいのに対し、公務職場での懲戒処分は公表されるのが原則であるためです。でも、民間企業ではセクハラは起こりにくいというわけではありません。むしろ、公務員の身分保障は非常に手厚いですから、民間の方がより厳しく処分が行われている側面もあります。

また、セクハラは、男性から女性になされるものだけとは限りません。女性から男性へ、というケースもありますし、性的要素があるかどうかにかかわらず、同性間で生じるものもあります。本書では先に述べた狙《ねら》いから、男性から女性への典型的パターンを主として扱っていますが、だからといってそれ以外のパターンがないと言っているのではありませんのでご注意ください。

深くて暗い河がある、と男女の間を表現した古い歌がありますが、セクハラをめぐる男女の思惑の違いは、その典型かもしれません。間違っても後で訴えられるはめに陥らないよう、職場にそんなトラブルを抱えずに済むよう、本書はエンヤコラ舟を出すお手伝いをするつもりです。

第一章　間違いだらけのセクハラ「常識」

均等法相談の半分はセクハラ

「セクハラ」はよく聞く話、でも身のまわりでは聞いたことがない。うちのようなお堅い職場でそんなことがあるのか？　ましてや自分は無縁。

そう思っている男性は多いですから、まずは実態を見ておきましょう。

実際、職場におけるセクハラは、予想以上に多いのです。都道府県労働局雇用均等室（以下、「雇用均等室」といいます）に寄せられる均等法に関する相談の件数は二〇〇九―二〇一一年度で毎年二万三〇〇〇件程度、そのうち半数強の約一万二〇〇〇件が職場でのセクハラの相談です。

また、二〇一一年度の都道府県労働局長による紛争解決の援助の申立受理件数は約六〇〇件ですが、これも、五割強の三二六件がセクハラです。機会均等調停会議による調停の申請受理件数では、約七割が職場のセクハラに関する事案でした（いずれも出典は厚生労働省　都道府県労働局雇用均等室発行パンフレット「事業主の皆さん　職場のセクシュアルハラスメント対策はあなたの義務です!!」二〇一二年)。

http://www.mhlw.go.jp/general/seido/koyou/danjokintou/dl/120120_01.pdf

気をつけてほしいのは、こうして雇用均等室の窓口に来ている相談には、「会社に相談・苦情窓口はあるが、相談しづらい窓口になっていて、相談できない」「相談ができる職場の雰囲気ではない」といった内容のものがあること。

つまり、会社でセクハラなど聞いたことがない、うちの会社の相談窓口に相談なんか来ていない、といっても、社内でセクハラが起こっていないとは限らないのです。それどころか、相談しにくいために、水面下で問題が悪化しやすくなっているかもしれません。「うちの会社に限ってセクシュアル・ハラスメントなどない」「自分にはセクハラなんて無関係」と考えるのは禁物です。

セクハラでの労災認定

最近では、職場でのセクハラによって、労災として認定されるケースも出てきました。セクハラを受け、その精神的苦痛から、うつを患い、治療に通ったり休職を余儀なくされる、というのが典型的パターンです。

二〇一一年一二月に厚生労働省は、「精神障害の労災認定の基準に関する専門検討会報告書」を受けて、セクハラによる被害を実情に即してより広く労災として認定できるよう新基準を出しました。これによって、企業はこれまで以上に、セクハラを労働者全体の労働環境の問題として積極的に取り扱う必要が出てきたと言えるでしょう。

セクハラのリスト

とはいえ、何がセクハラなのか、セクハラ防止のためにはどんなことに会社や社員は注意すればいいのかは、必ずしも明確ではありません。

セクハラ防止のために政府や自治体、企業や大学が出している規程やパンフレットに書かれているセクハラ「べからず集」を見ても、そのほとんどはリアリティが感じられません。

厚生労働省が、前述の雇用均等室発行のパンフレットで挙げているセクハラの例は、次のようなものです。

①性的な内容の発言

性的な事実関係を尋ねること、性的な内容の情報（噂《うわさ》）を流布すること、性的な冗談やからかい、食事やデートへの執拗《しつよう》な誘い、個人的な性的体験談を話すことなど

②性的な行動

性的な関係を強要すること、必要なく身体へ接触すること、わいせつ図画を配布・掲示すること、強制わいせつ行為、強姦《ごうかん》など

強制わいせつ行為や強姦なんて、セクハラ以前に犯罪だろう、とツッコミを入れたいところですが、そのほかにも「執拗な誘い」「必要なく身体へ接触する」など、このパンフレットにある表現から浮かぶのは、いかにも悪辣な確信犯的セクハライメージです。

しかしそうしたことがらは、事実あるとしても、セクハラの事態のほんの一面にすぎません。セクハラは、問題となって処分や法的手続きにまでいけば、たしかに、「私的感情の押しつけ」「デートの強要」「わいせつ行為」「執拗な嫌がらせ」などと判断されることになります。しかし、それは、あくまで**結果論**。やっている方は、「積極的なアプローチ」をしただけ、相手が嫌がっているとは思いもしなかった、というケースは山ほどあります。

詳しくは、第四章「女性はなぜはっきりノーと言わないのか、男性はなぜ女性のノーに気付かないのか」で述べますが、セクハラのケースでは、男性は相手が嫌がっているとは思わなかった、ということがありがち。それは鈍感というよりも、相手の受け止め方など気にもしていなかった、というのが大半です。

繰り返しますが、セクハラとは、単純な強要、あからさまなわいせつ行為として現れるよりも、もっと微妙な相互関係の中で起こってくるのです。セクハラのリアリティは、もっと複雑なプロセスで進んでいくのであり、「絵に描いたような」セクハラ男はめったに存在しませんし、ストレートに起こるセクハラ事件も珍しいのです。啓発パンフレットやガイドラインに出てくるような行為がセクハラだと思い込むのは禁物です。

ダイジェスト版としてのセクハラ報道

しかし、そうしたリアリティは、通常、まったく知られることがありません。というのも、私たちが一般にセクハラの事例に接するのは、新聞やネットのニュースで、誰かがセクハラで処分されたとか、場合によっては逮捕・起訴されたといった事件が報じられるときです。

一例を挙げると、少し前のものですが、逮捕されたのが「ダイエー福岡事業の『再建請負人』」と呼ばれた著名人とあって、大きく報道された事件がありました。

２人の女子社員に対し、無理やり抱きつくなどしていたとして、福岡県警捜査1課は25日、ダイエーホークスの本拠地・福岡ドームなどを運営する「ホークスタウン」（福岡市中央区）前社長の高塚《こうつか》猛容疑者＝盛岡市＝を強制わいせつ容疑で逮捕した。女性社員が県警に告訴していた。ほかに複数の社員が告訴しており、県警は極めて悪質とみて、余罪などを追及する。（中略）高塚容疑者は平成14年7月、福岡市内の会社事務所で、業務の報告中だった女性社員に抱き付いた。今年4月にも、同市内のホテル会議室で会議の準備をしていた別の社員の肩を抱き寄せるなどして、わいせつな行為をした疑い。調べに対し、高塚容疑者はわいせつな行為をしたことは認めたものの、「強制的ではなかった」と供述している。だが、被害者の一人は「社長なので、人事の報復が怖く、何も言えなかった」と訴えているという。関係者によると、高塚容疑者は、ホークスタウン前身の福岡ドーム社長に着任（11年）後、**セクハラを始めた**といい、「女子社員に舌まで入れたキスをしたり、胸や太腿、その奥まで触っていたようです。社員旅行では社員の布団に潜り込んだり、携帯電話で撮影した女性の陰部を携帯の受け画面にし、社員に見せて喜んでいたようだ」。（中略）高塚容疑者は「ハグしたり、ほっぺにキスしたり、良好なコミュニケーションだと思っていた」と弁明していた。だが、県警は複数の告訴があることから常習的で悪質な行為と判断し、逮捕に踏み切った。

（「夕刊フジ」二〇〇四年一〇月二六日　強調は筆者による）

こんな記事を読めば、たしかに、セクハラというのはあからさまな悪質行為、セクハラをする男は許しがたい不届き者と思えます。実際、この件は、強制わいせつ罪で刑事訴追され、「社会の秩序を乱したもっとも許しがたい犯罪」として被告は懲役三年、執行猶予五年の判決を受けるに至っています（二〇〇五年一〇月六日福岡地裁）。ですから、もし、セクハラとはこんなもの、と思っているとすれば、セクハラだと苦情を言われてしまった男性が、「自分がセクハラするような悪者であるはずがない！」と怒りたくなるのもわかります。

でも、こうしてメディアで報道されたり、裁判の判決文で描かれるのは、**単純化されたダイジェスト版**。結果として、事後的に、そういうふうにストーリーが描けるということであって、実際の現れ方はさまざまなのです。重大な人権侵害であっても、別の見方からすれば、フツウの職場で、フツウに起こっている大したことないことにしか見えなかったりするのです。具体的にはこれからじっくり見ていきますが、厚生労働省も最近はこの点を強調するようになっています。

鈍感はセクハラの免責にならない

厚生労働省は、先に触れた、セクハラでの労災認定の基準を緩和するよう求めた新基準通達で、次のような「留意事項」を記載しています。

①セクシュアルハラスメントを受けた者（以下「被害者」という。）は、勤務を継続したいとか、セクシュアルハラスメントを行った者（以下「行為者」という。）からのセクシュアルハラスメントの被害をできるだけ軽くしたいとの心理などから、やむを得ず行為者に迎合するようなメール等を送ることや、行為者の誘いを受け入れることがあるが、これらの事実がセクシュアルハラスメントを受けたことを単純に否定する

理由にはならないこと。

②被害者は、被害を受けてからすぐに相談行動をとらないことがあるが、この事実が心理的負荷が弱いと単純に判断する理由にはならないこと。

（「心理的負荷による精神障害の認定基準について」二〇一一年一二月二六日）

http://www.mhlw.go.jp/bunya/roudoukijun/rousaihoken04/dl/120118a.pdf

これをわかりやすく言い換えれば、**女性が喜んでいるように見えてもセクハラであ**りうる、**困っているように見えなくとも実はセクハラ**でショックを受けている場合もある、ということ。要するに厚生労働省も、**セクハラは見た目とは違う**と認識することを会社に求めているのです。

とはいえ、おそらく多くの男性は（自分が実際に遭遇しなければ女性も）、喜んでいてもセクハラ？　誘いにＯＫと言っててもセクハラ？　それならなんでそれがセクハラだと気付けるのか？　と不審に思われることでしょう。しかし多くの場合、セクハラの現実は、たしかにそうしたものなのです。相手からの報復を恐れてイヤと言えず、むしろ迎合的な態度を女性が取る場合も多いですし、それだけでなく、状況によって受け止め方が変わっていったり、最初は合意の恋愛でもセクハラに変わることもあります。それなのに多くのハラッサー男性は、それに気付かず、事態を悪化させてしまうのです。

本書ではそういった女性の心理や行動パターンについてじっくりとご説明し、**見えないものを見る**秘訣《ひけつ》をお教えしますが、ここではとりあえず、**鈍感はセクハラの免責にならない**、つまり、気付かなかった・知らなかったからといってセクハラの責任を免れるわけではないことを知っておいてください。

気付いてなくともセクハラ

たとえばこんなケースがあります。

A氏の回想

新しく非常勤で配属されたB子、おとなしい感じで、タイプ。臨時職員だから職場にいるのは一年限り、後腐れもないことだし、なんとかならないかなぁ。B子もわからないことは聞きに来たり、親しみを感じているようだ。

月末に行われた職場の歓迎会では、隣り合った席で、すっかり意気投合して盛り上がった。酒は断らないし、時々身体を触れてきたから、結構積極的なんだな、とわかった。送って行った際も、B子が人気のない公園をわざわざ行くから、これはいける、とキスをした。「え、そんな……」なんてびっくりしたような様子を見せていたが、若い子だしあんまり激しく来られてもこっちも困るさ。その証拠に、翌週に飲みに誘ったら、即OKだった。この間の歓迎会とは違って、一対一でOKだっていうんだから、B子もその気なのは間違いない。居酒屋でもノリがよかったし、今日はホテルまで、ってつもりでキスしたんだが、ガードはまだ固かった。ま、しょうがないさ。先はまだあるさ。

ところがB子さんの受け止め方はまったく違います。B子さん側からこの間のことを振り返ってみれば……。

B子さんの回想（その一）

やっと見つけた仕事。非常勤とはいえ、お役所で、保険も年金もついている。契約は一年だけど、契約延長の可能性もある。少しでも長く働けるように頑張ろう。

ただ気になるのは、Aさん。しょっちゅう私の方を見てて、親しげにしてくる。席も近くだし、私の仕事の担当者だから指示も受けないといけないから、機嫌を損ねないように気をつけよう。

歓迎会の日、Aさんの指示で仕事を終えるのが遅くなって、会場に行ったらAさんの隣に座るしかなかった。もしかしたら、それを狙ってわざと仕事させてたのかも。私はあまりお酒好きじゃないのに、やたらお酒注いでくるし、だいぶ酔ってしまった。腕を叩《たた》いたり、肩をつき合わせたり、やたらボディタッチしてくるのもイヤだった。

帰るとなると今度は、方向が一緒だから送ると言ってきた。いいです、って断ってもしつこくて。公園を通るのが一番近道だから、そっちに行ったのだけど、これが失敗だった。信じられないことに、キスしてきた！　嫌がってるのに、二度も!!　突き飛ばすわけにもいかないし、ほんとに呆《あき》れちゃう。来週から顔見るのもイヤだけど、せっかく入れた職場だし……。

またまた信じられないことに、週明け、Aさん、飲みに行こうって誘ってきた。私があれだけ拒否ったのに、どういうこと⁇　キスして悪かったって謝るつもり？　とにかくもうあんなことはしてほしくない、ってことを、話してわかってもらわなくては。

でも、居酒屋では、今の仕事の見通しとか契約延長できるかもって話も出て、私もそれは望むところだし、いまさら「二度とキスなんかしないでください」なんて言うのもはばかられて……。そしたら、呆れることに、またキスしてきた‼　次の日からAさんの顔を見るのも苦痛で……。せっかく入れた職場なのに、許せない！

いかがでしょうか。

このA氏、B子さんの回想は私の創作ですが、この一件は実際に二〇〇七年にセクハラ事案で処分された国家公務員のケースをもとにしたもの。B子さんによるセクハラの訴えに対し、職場が調査の上で認定した事実関係は、以下のようなものでした。

Aは、職場の歓迎会の後、チームに配属されて間もないB子と帰宅途中、公園の人通りの途絶えたところでB子に抱きつき、口にキス。嫌がるB子に同じ行為を少なくとも二回繰り返し、また別の機会にも、居酒屋で飲食の後、またキスを繰り返した。

この結果、A氏は、減給（一〇パーセント、三カ月）の懲戒処分を受けました。しかしA氏は、この処分に納得しませんでした。キスをした事実は認めるが、相手から拒絶がなかったので、相手の意に反する行為であるとの認識はなく、したがって、セクハラにはあたらない、と処分の無効を求めて人事院に訴えたのです。

結果としては、人事院は、「B子さんはチームに配属されて間もなく、A氏と親しい関係ではないのに、B子さんがA氏の行為を受け入れていたと認識するのは不自然」と判断、A氏の訴えは認められず、処分は覆《くつがえ》りませんでした。

職場と人事院の判断は妥当と言えますが、しかしA氏が「相手は嫌がっていなかった」と考えたのも、彼からすればまったくの強弁というわけではないのでしょう。私が創作したA氏の回想も、それほど的外れではないでしょう。A氏の視点からすれば、B子さんと歓迎会で意気投合、いい雰囲気になり、帰り道に自分のキスを受け入れてくれた。二度目に誘ったときもＯＫしてくれたのは、自分に好意を持っている証拠。嫌がっていたのなら、二度と自分とは酒を飲んだりはしないはず。抵抗するそぶりを見せるのは、女らしく嫌がったふりをしていたに違いない……。そう思っていたとしても不思議はありません。Ａ氏には、セクハラどころか、Ｂ子さんの突然の心変わりのように見えてしまったかもしれません。

Ａ氏からしてみれば、処分事由となった判断はまったく納得できないでしょうし、Ｂ子さんの言い分には驚愕《きょうがく》するかもしれません。Ｂ子さんからしても、Ａ氏の受け止め方は信じられないでしょうし、さらには、嫌がるＢ子さんにキスを繰り返したという職場の事実認定がＢ子さん側からの事態の捉え方ともズレている可能性さえあります。

voluntary（自発的）であってもunwelcome（望まない）ならセクハラ

これもあくまで私の創作ですが、こんな可能性も考えられます。三四ページのＢ子さんの回想文、第三段落からです。

B子さんの回想（その二）

歓迎会の日、Aさんの指示で仕事を終えるのが遅くなって、会場に行ったらAさんの隣だった。Aさんにすすめられるままに飲んで、だいぶ酔ってしまい、おかげでちょっとフラフラしてしまった。

帰りは、方向が一緒だから送るとAさんが言ってきた。いいです、って断ったのだけど、断り切れなかった。公園を通るのが一番近道だから、そっちに行ったのだけど、これがよくなくて、キスされてしまった。イヤだと撥《は》ねつけたりしたら契約を切られてしまうかもしれないと思うと、受け入れるしかなかった。来週、顔を合わせると思うと気が重いけど、せっかく入れた職場、絶対に辞めさせられるわけにはいかない。

週明けに、Aさん、飲みに行こうって誘ってきた。キスしたから、私も好意を持ってると思われたんだろうか？　それは誤解だってわかってもらいたいけど、ちゃんと言えるだろうか……。

居酒屋では契約延長できるかもって話も出たんで、いまさらキスの話をするわけにはいかなかった。そしたら、またキスされてしまって、早くやめて、と思いながら目を閉じてた。仕事は辞めたくない、どうしたらいいのか……。

この場合、B子さんは、表面上は、嫌がっているようには見えません。どうしよう、困った、こんなつもりじゃないのに、と内心とても嫌がっていたでしょうが、A氏からは、「まったく抵抗のそぶりはなかった」と見えることでしょう。「その二」のB子さんは、A氏の不興を買って仕事に悪影響があったら困る、と内心は不本意ながらその気持ちを表には出さずキスを受け入れたのです。もしそのとき、公園を通りかかって二人を見かけた「目撃者」がいたとしても、「モメてる様子はありませんでしたよ、ラブラブなカップルだと思いました」と証言することでしょう。

だったらなんでセクハラなんだ、イヤがってるのにやるのがセクハラだろう、と思うかもしれません。でも、それがまさにセクハラの常識のウソです。「相手が嫌がってるからセクハラ」なのはたしかですが、嫌がっているそぶりを見せなくとも、仕事の立場上、望

まないのに受け入れざるを得ない状況に追い込まれることもセクハラなのです。

英語表現を使うなら、voluntary（自発的）であっても、unwelcome（望まない）な行為ならセクハラなのです。無理強いされたわけではないがノーと言えば困ったことになる、と自ら受け入れるという意味では「自発的」。でも、仕事上の立場を利用して望まない性的行為を押し付けられるから、セクハラなのです。

念のため繰り返しますが、「その二」のB子さんはあくまで私の創作。実際起こったことは、「その二」の状況でしょう。でも、現実に、「その二」のような状況は、起こり得ます。女性は内心とはまったく違って、表面上はイヤがってるとは見えない。でも女性にしてみれば、苦痛のはなはだしい、とんでもないセクハラ。ところが男性からすれば、そんなふうには全然見えない……。

セクハラは『羅生門』

ことほどさように、セクハラでは、見る者によって見え方が違うもの。

芥川龍之介の短編小説『藪《やぶ》の中』を原作とする黒澤明監督の『羅生門』という映画があります。

平安時代の荒れ果てた京都の山中で、武士の死体が発見された。下手人は誰かと取り調べる平安の警察官、検非違使《けびいし》。証拠品として現場に散らばる、「市女笠《いちめがさ》」、踏みにじられた「侍烏帽子《さむらいえぼし》」、切られた「縄」、そして「守袋」。武士の妻、盗賊、さらに死んだ武士の霊が乗り移った巫女《みこ》が証言をするが、その話はそれぞれつじつまが合っているにもかかわらず、まったく食い違っている。真相はいったいどこにあるのか……。

この物語は、事件を目撃していたという新たな人物の登場で展開していきますが、しかし、それも、「真実」である証拠はない。同じ一つのできごとでも、関与した人たちそれぞれの立場によって、まったく違って見えてきます。それぞれの人たちがウソを言っているわけではなくとも、自分の利害関心や経験・性向のおかげで、無意識のうちに、違う像を結んでしまうのです。

セクハラも、ある意味、同じです。人は誰でも自分の都合のいいように事態を見てしまうもの。「自分はセクハラなんかしていない！」と言い張る男性も、必ずしもウソを言っているつもりはないのでしょう。

これはセクハラというより、刑法に触れる重罪事件ですが、オリンピック金メダリストの柔道家が教え子を酒に酔わせて性的暴行をしたとして準強姦罪に問われ、有罪判決を受けた事件がありました（二〇一三年二月一日東京地裁。二〇一三年五月現在も係争中）。柔道家は裁判では一貫して犯行を否認、合意の上の性行為だったと主張し続け、判決直前の最終意見陳述でも「強く自分は無罪と確信しました」と述べていました。判決は「被告の供述は全く信用できない」「指導者の立場にありながら、被害者の心情を無視した被告人の行為は悪質である」と断じましたが、柔道家は判決が言い渡されるやいなや、控訴すると裁判官に告げていました。この事件はニュースで広く報道され、彼の態度への批判もありましたが、彼の側からすれば「自分は無罪」「性行為は合意」と信じ切っているのも、やはり「事実」だろうと思います。罪を逃れたいがために強弁しているというよりも、彼の中では、その夜のできごとのいきさつが彼自身の論理で記憶されているのだと思います。

一審で有罪判決を受けた柔道家のケースはともあれ、部下の女性をデートに誘ったつもり、向こうにも好意を持ってもらっていたと信じ込んでいた公務員A氏の行動は、B子さんには大変気の毒でしたが、図々《ずうずう》しい鈍感さと言えるかもしれません。でも、その鈍感さは、現代の社会人としては致命的。公務員A氏は、B子さんが二度目の飲み会の誘いに応じたのを、「嫌がってなかった証拠」と自分に都合よく考える前に、新人しかも臨時職員のB子さんが誘いを断れる立場なのかどうかを考えてみるべきでした。

セクハラ男になりたくなければ、自分に見えていることだけが真実、と思い込むのでなく、何よりも相手の立場に立って、事態を見るよう努めましょう。管理職や周囲の方も、多面的な立場、とくに下位の立場にある人のことを十分に考慮して、判断を下していただきたいものです。

「セクハラは受け手の主観で決まる」のウソ

A氏ほど図々しくも鈍感でもないつもりだが、気付かずにセクハラしてしまう可能性が自分にもないとは言えない——そう考える男性たちが、もっとも恐れるのが、「セクハラは受け取る側の主観で決まる」という、よく聞くセクハラの「常識」。した側、言った側にまったく悪気がないとしても、相手が不快に思えば、それはセクハラにあたるのだ、という説明です。

これはセクハラ問題を扱う上では大切な原則。足を踏まれた側は痛くとも、踏んでいる側はなんともない。だからといって、踏んでいる人が「これくらい気にすることではない」などと言って踏み続けるのでは、踏まれた方はたまりません。それに、とくに性的なことに関しては、女性と男性では、感じ方や受け止め方が違うもの。男性の基準で判断されたりものごとが決められたりするのでは女性はたまったものではありません。

でも、だからといって、どんな場合であれ、受け手の側が不快に思えばセクハラ、というのはもう一つのセクハラ常識のウソ。受け手が不快だからといってセクハラだと決めつけられるわけではないのです。女性の中にも（男性にもですが）、置かれている状況や育った環境によって、とくに性的なことに敏感で、社会常識的に許容範囲のことも、不快だったり苦痛に感じたりする人もあります。ですから、厚生労働省も、二二ページで取り上げたパンフレットの中で、

「労働者の主観を重視しつつも、事業主の防止のための措置義務の対象となることを考えると一定の客観性が必要」

「被害を受けた労働者が女性である場合には『平均的な女性労働者の感じ方』を基準とし、被害を受けた労働者が男性である場合には『平均的な男性労働者の感じ方』を基準とすることが適当」


と注意を促しています。

ですから、まったく客観性もないのに、相手の変な受け止め方のせいでセクハラにされてしまうという心配は不要です。ただし、かりに相手が通常以上に敏感であるとしても、だからといって、そのまま続けてOKというわけでもありません。セクハラにあたらないとしても、相手の嫌がることはしないのが社会生活上の当然のマナー、職場ではとくにそうです。

管理者・教師としては、職場環境・学習環境への配慮が必要です。その人の感じ方を、

「異常」「考えすぎ」などと頭から否定するのでは、それこそセクハラになってしまいます。

◎本章のレッスン
男性が気付けない理由その1

セクハラは『羅生門』。当事者の立場によって見方は変わる。

最近、夫婦喧嘩《げんか》をしましたか？　妻がとても怒っているが、自分には理由がさっぱりわからない、そんな経験はないですか？　それもやはり、夫と妻で「事態の見え方」が大きく違うから。「女ってのはつまらないことで怒るから」「女は非論理的」で片付けてしまわずに、妻にはものごとがどう映っているのか、考えてみてはどうでしょう。それがセクハラ・レッスンの第一歩です。

第二章　セクハラの大半はグレーゾーン

広義のセクハラと狭義のセクハラ

セクハラとはいったい何かわからない、セクハラにあたるかどうかの線引きが悩ましい、という声もよく聞きます。そういう方々は、往々にしてセクハラを、真っ黒の有罪か、さもなくば潔白な無罪か、というように捉えておられるようです。しかし、それはあまりにも非現実的。実際にはセクハラは、どちらとも受け取れる、いわばグレーゾーンが多いのです。

そもそも日本語として流通している「セクハラ」には、使われ方にだいぶ幅があって、大きく分けると**広義のセクハラ**と**狭義のセクハラ**があります。日常語としての使い方と法的な使い方と言ってもいいですし、**イエローカードとレッドカード**の違い、と言えばもっとわかりやすいでしょう。この二つは、重なりはありますが、大いに異なります。

狭義は、その行為はハラスメントにあたると「公式認定」されるセクハラ。訴えや相談があり、調査を経て、「これはハラスメントだ」と判断されて、何らかの措置や処分が下されるものです。いわばレッドカードが突きつけられるわけです。その中には、強制わいせつのような犯罪やあからさまな強要を含む「真っ黒」なものや、人権侵害にあたるものも含まれます。

他方、日常語としての使い方はもっと広義です。まだ結婚しないのとしつこく聞かれたり、イマイチの上司からカラオケでデュエットしようと誘われたりして、「ウザイなぁ」「ちょっとやめてよ〜」と思うときに、「それってセクハラですよ」と、軽くジャブを出す使い方です。面と向かって「嫌です」「やめてください」と言うのでは角が立つので、「セクハラじゃないですか」と軽く言うわけです。これはいわばイエローカードで、注意してやめてくれればそれでいいわけです（サッカーなら同じ試合で二枚出されるとレッドカードと同じ退場ですから、それより軽いですね）。

このイエローカードの「セクハラ」の用語法は、大変便利です。一九八九年にセクハラという言葉ができて、あっという間に流行語となりましたが、そんなふうに広がったのは、便利な言葉だったからにほかなりません。「嫌です」とは言いにくくても、冗談めかして注意喚起をしやめてもらえる、とても便利で有効な使い方です。言った本人、やった本人の意図がどうあれ、冗談めかした注意喚起ですから、使いやすいのです。

このときの「セクハラ」「ハラスメント」は、したがって狭い意味での、人権侵害にもあたる処分を必要とするようなハラスメント、セクハラとはだいぶ違います。この広義の使い方では、「真っ黒」に近いものも含まれ得ますが、グレー、それもかなり白に近いグレーもあるでしょう（「強要」と認められるものでさえ、当事者の立場によって曖昧《あいまい》でもあることは、第四章で詳しく見ていきます）。

セクハラが悩ましいのは、立場の違いで見え方が違うからだけでなく、このように「グレーゾーン」が大きいことにもよります。そして、「グレー」にも大きく濃淡があるのです。

グレーゾーンはどちらにも転ぶ

グレーゾーンのセクハラは、**その後の対処次第でどちらにも転びます。**対処を間違えると、「たしかにマズいけれどまぁ許容範囲」で済むことが、真っ黒のセクハラになってしまうのです。

二〇一一年の初めにメディアをにぎわせた、有名政治家のセクハラ発言がありました。この政治家、酒席でご機嫌だったのでしょうか、女性記者に、「俺《おれ》も歳だけど、まだタツかな」「オー、タツ、タツ、俺もまだ大丈夫だ」「ビンビンだ」などと放言したとか。女性記者の胸元を触らんばかりの勢いだったとも伝えられています。

これがイエローカードなのは間違いありません（政治家にはとくに高いモラルが求められるべきだからイエローカード判定は甘い、というご批判はあるでしょうが）。

聞かされた女性記者は、ウンザリ感いっぱいだったでしょうが、ではこれが、しかるべきところに訴え出て謝罪や慰謝料を要求すべきレッドカードとしてのセクハラかというとそうでもないでしょう。しょっちゅうこうした言動を繰り返し、女性記者たちが取材するのに困るような事態に至っているなら別ですが（その可能性はなきにしもあらずですが）、一度限りのことならば、そこまでのペナルティにはなりません。

しかし困ったことに、この政治家、「官房長官のセクハラ」としてこの件を報道した週刊誌を相手取り、名誉毀損《きそん》の訴えを起こしたのです。二〇一二年六月、東京地裁は「男性の立場では笑い話であっても、不愉快に考える女性は少なくない。女性記者へのセクハラにあたると問題視されてもやむを得ない」と判断、「セクハラと受け取られかねない言動があった」と政治家の訴えを棄却しました。

この政治家、どうすべきだったのでしょうか。そういうお下劣なことは人前では言わないのが常識ですし、政治家という立場ならなおさらです。でも一般の男性なら、人間だもの、酔っぱらってはめを外すこともあるでしょう。部下の女性たちの前で卑猥《ひわい》なことを口走ってしまうこともあるでしょう。たしかにそれは、セクハライエローカード。でも、朝になって酔いが醒《さ》め、まずいことを言ったとわかったならば、率直に謝ればおおごとにはなりません。

翌日、「昨日は酔っぱらって不用意な言葉遣いをしたようだ、気分を害したら申し訳ない、こんなことがないようこれからは十分注意するよ」と、詫《わ》びましょう。くだんの政治家も、お詫びのメッセージを添えて花束でも贈っていれば、女性記者は苦笑いしながら「気にしてませんからお気遣いなく」と済ませてくれたのではないでしょうか。それならばこれで一件落着、彼のセクハラは「事件としてのセクハラ」になりません。有名政治家だけに、対立する政党や勢力から「政治家として道義的に問題」などの批判は出るでしょうが、政治家としての責任を問われるような結果にはならないでしょう。報道に対しても「酔っていたとはいえ申し訳なかった、女性記者にはすでに謝罪済みである」と対応できたでしょう。

ところが、この政治家がしたのはそれとは真逆。セクハラなど一切していないと週刊誌を訴えたのですから、ことは収まるどころか、拡大していきました。おかげでこの女性記者は、当夜に気分を害しただけでなく、訴訟紛争の関係者となってしまいました。これで彼女は、この政治家へ記者として取材をすることが難しくなったでしょう。言ってみれば、彼女は、この政治家の発言をきっかけとして、政治記者という職業上、大きな痛手を負ってしまったのです。これは、重大なセクハラと言わざるを得ない事態です。

開き直りが転がす雪だるま

この手の、グレーゾーンであったはず・済んだはずのセクハラが、その後の対応のまずさで真っ黒のセクハラになってしまう例には、事欠きません。

　これは大学での例ですが、ゼミの学生との飲み会で痛飲、三次会のカラオケボックスで大ノリでロックをシャウト、ついにはパンツ一丁になってしまった先生がいました。男子学生たちは、もっともっととはやし立て、女子学生たちは、えー信じられなーい、とキャーキャー騒ぎます。そこでやめておけばよかったのに、この先生、あろうことか、その次には一人の女子学生にソファの上で馬乗りになりました。これにはさすがに女子学生は驚き、逃げ去るように帰ってしまいました。

　翌日、ショックを受けて落ち込んでいる彼女に、その場にいた女子学生たちは同情します。このままほうってはおけない、と友人たちはその先生の研究室に向かいます。

「先生、C子はとてもショックを受けてます」

「セクハラだと思います、謝ってください」

口々に言う女子学生たちに、この先生、素直に謝ればいいものを、メンツをつぶされたとでも思ったのでしょうか、謝るどころか、

「何を生意気なこと言ってるんだよ、お前たちは」

「お前らだってキャーキャー喜んでただろう」と開き直ります。

おまけに、その中にいた一人の女子学生に、

「だいたいお前は、去年単位落としてるだろう。そんな生意気なこと言ってて今年大丈夫だと思ってるのか」とまで逆ギレ。


これでは学生からしてみれば、セクハラに抗議したがゆえに、脅され報復を受けたようなものです。先生が謝ってくれればそれでいいと思っていた彼女たちですが、その意に反して、C子さんは公式に大学にセクハラ苦情申し立てをするに至りました。

その上、大学当局も、C子さんの親御さんが知り合いの弁護士に相談したというのを聞いて「おおごとにするつもりなのか」とC子さんを叱責《しっせき》する始末で何の解決にもなりません。その男性教員のゼミからは外され、希望していたコースに進めなくなったC子さんは、結局、男性教員と大学に対して、セクハラによって教育機会を奪われ精神的苦痛を蒙《こうむ》ったと損害賠償請求を起こしました。

裁判は、C子さんの訴えの妥当性が認められC子さんの勝利に終わり、男性教員は停職

一カ月の懲戒処分になりました。でも、C子さんからすれば、いくら先生が処分を受けても後の祭り。せっかく入った大学なのに、セクハラのおかげでコースを移らざるを得ず、結果、希望していた進路には進めなくなってしまったのです。C子さんにとっては、取り返しのつかない甚大な被害を受けたことには変わりない、苦い結末でした。

このケース、「酒癖が悪くて申し訳ない」と素直に謝っていれば、あるいは大学がそうさせていれば、裁判だの懲戒処分だののおおごとにならず、何より女子学生が進路変更を余儀なくされるという甚大な被害を受けることにはならなかったことでしょう。これもまた、グレーが真っ黒に転化してしまう、典型的な例でした。

男性たちはどうも、「それってセクハラじゃないですか」「セクハラをやめてほしい」という声に、過剰反応しがちなようです。いったんセクハラと認めると、即、犯罪者扱いされ、職場や世間から制裁を受けることになるとでも思っているのでしょうか。

強制わいせつや強姦にもあたるようなごく一部の悪質な行為を除いて、セクハラだったかもと認めても、それで即有罪、などということにはなりません。くれぐれも、過剰反応・逆ギレで、事態を悪化させることのないよう、冷静で誠実な対応を心がけましょう。

自分でもわからない――いつまでもOKとは限らない

グレーゾーンのもう一つの典型として、いったいセクハラなのか違うのか、女性自身がよくわからない、ということもあります。

著名なフェミニスト、上野千鶴子さんに寄せられた「人生相談」にこんなのがありました（「朝日新聞」土曜版「悩みのるつぼ」、二〇一二年八月一八日）。

相談者は二〇代の女性会社員。三〇代の既婚の上司からしばしば迫られています。二人きりのときに「好きだよ」と繰り返し、後ろから抱きつく上司。でもこの女性、その上司は愛妻家で子供の面倒もよくみる、仕事もできる人だと好感を抱いています。こんな彼女の悩みとは、「告白されたり触られたりしてもまるで何も感じず、ひとごとのように事態を傍観」してしまうことなのです。セクハラだと感じて嫌悪感を抱いていれば、断る強い意志を持つことができるはずなのに……。自分の「能天気」さが心配だというのがこの女性の悩みです。

この相談に上野さんは、それはセクハラだときっぱりと答えてくれています。この女性は「頼れる上司を失う恐れ」があるために、イヤなことをイヤだと感じないよう感覚を遮断している、そこに問題の深い根がある、と。

上野先生、さすがのお答えです。私も上野さんの見立てに同意ですが、でもこれはある意味、グレーゾーンのケースでもあります。こんなふうに「自分でもわからない」という気持ちはこの女性がとくに自尊心に欠けているからというのではなく、えてしてありがち。女性の気持ちとしては、本当に「セクハラかどうかわからない」のです。

日本の子供たちの間の大きな問題になっているいじめも似たところがあります。ふざけやいじりが継続していく中で、エスカレートし「いじめ」になっていく。でも、いじめている側や周囲は、そしてときとしていじめられている側も、「いつもの悪ふざけ」と見ています。そして不幸なことに、自殺や大けが、死に至る事態になってはじめて、あれはいじめだったと「発見」されるのです。

おそらくここには、複雑で微妙な心理が働くのでしょう。この女性は、ご自身が懸念しておられる通り、「無意識のうちに上司に尊敬以上の気持ちを抱いていて、アピールを喜んでいる」気持ちがあるのでしょう。周囲にほかの女性社員もいる中で、仕事ができプライベートの面でも尊敬できる上司がとくに自分に注目してくれる、そのことが嬉《うれ》しくても不思議ありません。そんな気持ちを抱くのは決して悪いことではないでしょう。

だから、今は、客観的に見ればセクハラ、でも当事者は必ずしもそうは思わない、というグレーゾーンなのです。でもそれがいつの日か、変わることは大いにあり得ます。上司の行動がエスカレートして「わからない」どころではなくなるかもしれませんし、上司に幻滅することもあるでしょう（ほかの女性にも同じことをしていたのが判明するというのがよくあるきっかけです）。そのとき女性は、「これまで私が長らくされていたことはセクハラだった」と感じることになるでしょう。そして会社に相談するかもしれませんし、会社でらちがあかなければ、雇用均等室など公の相談機関に行くかもしれません。そのときこの上司は、「嫌がっているとは思わなかった、嫌ならなぜ最初から言わなかったのか」と反論したいことでしょうが、しかしそれは後の祭り。

セクハラの感じ方は、同じ関係であっても、変化するもの。最初は何とも思わなかったことも、時間と関係の変化の中で、堪えがたいセクハラに変わっていきます。「最初ＯＫだったからいつまでもＯＫのはず」は通りません。グレーゾーンにあるのなら、黒に転化する前に、さっさとふるまいを改めて安全地帯に移行する、それが正しいグレーゾーンへの対処法です。

◎本章のレッスン

男性が気付けない理由その2

ほとんどのセクハラはグレーゾーン。真っ黒だけがセクハラではない。

イエローカードに敏感に、かつ素直になりましょう。セクハラだと認めるだけで犯罪者になるわけではありません。気付かなくて悪かった、と素直に謝り、その言動を繰り返さないことです。

第三章　恋愛がセクハラになるとき

——ときめきスイッチが入ったときはもう橋をわたっている

その恋愛はセクハラです、その不倫もセクハラです

これまでいくつかのセクハラのケースを見てきましたが、本章ではズバリ、恋愛がらみのセクハラについて述べていきます。つまり、自分は恋愛だと思っていたのに（不倫の場合であれ）、相手の女性からセクハラで訴えられるといったケースです。これは男性にとってもっとも納得しがたいものでしょう。

しかし実際に、セクハラ事件で性的関係が何らかのかたちで含まれるものを詳しく見てみると、こうしたパターン、つまり訴えられた男性の側は、相手の女性も合意の上での関係だった、恋愛関係にあった、と主張していることが少なくないのです。

既婚であれ独身であれ、職場の女性や教え子の女子学生と恋愛している男性はいます。こうしたセクハラを多く見てきた私から言わせると、役付きならなおのこと、平社員でも、同じ職場の派遣社員や契約社員、臨時職員の女性と「大人の関係」を持っているなら、要注意です。性関係や恋愛関係にはなくとも、きわどい話で職場の女性を楽しませているつ

もりなら、それもキケン。その関係や言動は、後で「セクハラ」として被害を申し立てられる可能性があります。そうなれば、職場での評価は急落、悪くすれば懲戒処分、退職を余儀なくされることにも。妻や子供との関係悪化も必至です。

お互い合意だった……、向こうから近付いてきた……、向こうだって楽しんでいた……。「事実は違うんだ」と、男性は反論しますが、**相手の女性が語る過去の事実は男性の記憶とは大きく違います**。第一章で触れた『羅生門』のように、自分の体験が違うレンズから映し出され、いったいどういうことかと戸惑います。どんな判断が下されるのかはもちろんケースの事情によりますが、男性の側の主張が一〇〇パーセント通ることは難しく、男性にとっては納得できない、不本意な結論となることも大いにあり得ます。

そうなると男性は「冤罪《えんざい》」、「不当」だと主張します。でも、その主張はなかなか通りません。男性は、相手の女性がウソをついていると女性を恨み、それを信じた会社を責めるでしょうが、しかし実際のところは、男性の言う「恋愛」には、その男性には見えていない現実があったのです。

悪夢の始まり

このパターンでは、典型的には、男性にとってはこういうふうに「事件」は始まります。人事部や総務課からの呼び出し。大学や、また地域によっては、「人権問題」担当部署からの連絡。何ごとだろうと行ってみると、あなたがセクハラをしたという訴えが出されていると告げられる。

まさか、いったい誰が？　と「寝耳に水」の場合もあるでしょうし、「もしかすると彼女が？」と、心当たりのあるケースもあるでしょう。どちらにしろ、「なんでセクハラなんだ⁉」と、驚きです。

場合によっては、関係の悪くなった別れ際に、「こんなのって許せない、セクハラで訴えてやる」と言われていたから、呼び出しを受けたときに予想はついていることもあるでしょう。それでもまさか本当に訴えるとは……。

「代理人」と称する弁護士からの書面が内容証明付き郵便で突然届くこともあります。それだけでも何ごとかと戸惑いますが、中身を見てみるとさらに驚愕です。詳しく書いてある場合も概略だけの場合もありますが、要するに、セクハラをした、よってしかるべき謝罪と賠償をせよ、さもなければ法的措置を取る、と書かれているのです。

こんなふうにバリエーションはありますが、おおむねセクハラで訴えられる男性の当初の反応は、まさかそんなバカな、という気持ちです。ちょっとしたスキンシップや冗談のつもりだったのにセクハラと言われた、というケースでも男性の戸惑いは小さくないですが、男性は恋愛のつもりだった「恋愛型セクハラ」の場合はなおのこと衝撃です。「まさか⁉」という瞬間的な驚きのすぐ後には、怒り、納得のいかなさ、こんなことが会社に公になるとは、と面目をつぶされた気持ちが加わり、平常心ではいられません。かつては互いに惹かれ熱い関係を持ったはずのあの女性がこんなことをするなんて、と裏切られた気持ちも深いでしょう。ましてや弁護士が出てくるとなると、空恐ろしい気持ちにもなります。

訴えの内容を詳しく聞く段階になると、今度は「嘘《うそ》だ！」という思いが心をかけめぐります。女性は、「しつこく交際を迫られた」「上司だから断れなかった」「性関係を強要された」と訴えているというのです。女性の訴えの内容を説明する人事部長や弁護士に、「そんなのはデタラメだ！」と男性は声高に抗議をせずにはいられません。

男性からしてみれば、○月○日にホテルで関係を持った、○年○月ごろから女性の部屋に泊まるようになった等々、訴えの中に書かれていることがらは、たしかにまったくの「でっちあげ」というわけではありません。そこだけを取り出せば「事実」には違いないこともありますし、「あのこと」を指しているのでは、と見当がつくこともあります。でも男性からしてみれば、実際のところはそんな話ではありません。無理にキスやセックスを迫ったなんていうのはデタラメで、彼女だってOKしていた、それなのに事実が「捻《ね》じ曲げ」られてしまっているとしか男性には思えません。そんなデタラメを言ったという相手の女性に怒りが湧いてくるし、そんな話を人事部長は真に受けているのか、弁護士のくせに騙《だま》されているのか、こんなふうに陥れられるなんてあんまりだ——訴えられた男性は、そう思わされることでしょう。

だから男性は、このままでは「冤罪」になってしまうと、事実はそうではなかった、互いに合意の恋愛だったのだと主張します。妻のある立場で、女性と関係を持ったのは「不適切」だったかもしれないが、セクハラとされるようなことはやっていない。とにかく彼女と話をさせてくれ、そうすれば事実がわかります、と人事部長に頼みますが、相手の女性は訴え出たことによる報復を恐れているから、会社としては直接話をさせるわけにはいかない、と言われます。相手方の弁護士ともなると、なおさらです。女性に接近したならばしかるべき法的措置を取ると、凶悪犯のような扱いをされているようでますます心外です。

職場によっては、迅速な解決のためにと、男性に自宅での一時待機を命じたりもします。そこで男性は、「恋愛」の事実を証明しようと、手元に残っている彼女からのメールや手紙、二人で旅行した写真を、恥を忍んで提出し、ハラッサー・加害者であるという「容疑」を晴らそうと懸命に努力します。

しかし、組織内で調査が進行して「事実関係」が認定されたとき、男性の言い分は、認められた部分もありはしますが、「情状酌量」されたくらいのことで、基本的な結論は変わりません。それに基づいて、処分が行われることになります。弁護士との交渉も、自分も弁護士を立てたとしても、思い通りにはなりません（弁護士との交渉については終章で詳述します）。

まさかそんな結論になろうとは……、呼び出されたときから始まった悪夢がこんな結論になろうとは……。厳重注意や減給、場合によっては懲戒解雇という厳しい処分と向き合わねばならないことになると、いよいよ怒りと納得のいかなさはピークに達します。

なぜセクハラなのか

こうして男性側に立ってみると、セクハラはいかにも「冤罪」のように思えます。恋愛のトラブルで、別れた相手から、腹いせに訴えられてしまうのか、相手だって大人の女性で、合意の恋愛だったのに、ノーの意思表示があれば自分はそんなことをしたはずがないのに、後からこうしてハラスメントとして訴えられるのではたまったものではない、こんなことで処分を受けるなんて間違っている、と。

でも、そう考えるのは早計です。前述の「いきさつ」は、訴えられた男性に典型的な受け止め方をご紹介したもの。実際のところは、男性には「事態が見えていない」のです。「事実」は、男性の見えていなかった水面下に深く広がっているのです。

まず、交際が始まったのは、「互いの合意だった」、これは十分あり得ます。セクハラとして問題になる事案の中には、女性は最初からまったくそのつもりはなかったのに強制的・脅迫的に交際や関係を迫られた、という場合もありますが、双方合意の上の恋愛だったはずのものがセクハラとして訴えられることになるケースもたしかにあります。

合意どころか、女性の側から積極的にアプローチしてきたと男性側が思っているケースもあるでしょう。男性には妻も子もある「不倫」の場合は、なおさらそうしたパターンが多いかもしれません。「いい子だな」とは内心思っていたが、自分としては立場上、手を出そうなどとは思っていなかった、向こうが積極的だったから、男女の関係になったんだ……。

それは事実であるとしても、でも、**合意の恋愛で始まったことは、それだけではセクハラの免責にはなりません。**そんなバカな、とお思いになるでしょうが、第一章で述べたように、セクハラとは、相手が嫌がっているのに無理に性的接近をすることとは限らないのです。また、男性側が既婚者なのに部下の女性と性関係を持った不倫だから、教師が学生に「手を出した」から、けしからんという、古臭い性道徳でセクハラだと非難されているのでもありません(「不倫なんて!」という保守的道徳観に凝り固まっているワンマン社長のいる会社や、「清く正しく」が売りもののお嬢様大学などでは「不倫」だけでクビになることもあるかもしれませんが……)。

セクハラと判断されたのは、男性が気付いていないところで、それだけの事実があったからなのです。

恋愛がらみの二つのパターン――妄想系とリアル系

では、男性には見えていない「実態」とはどんなものなのでしょうか。セクハラを受けたと会社や大学に訴え出た女性は、どんなふうに事態を受け止め、申し立てをしているのでしょうか。

ケースによってさまざまではありますが、恋愛がらみのセクハラのパターンは、大きく二つのサブパターンに一応分けられると言えるでしょう。

一つは、女性は男性と恋愛どころか交際をしているつもりもなかったのに、男性は男女の付き合いをしていると思い込んでいるパターン（これを妄想系と呼びましょう）、もう一つは、女性の方も一時的にであれ、交際をしていた、恋愛感情があったという認識があるパターン（現実の恋愛をもとに起こることから、リアル系と呼びます）。

ただし、注意していただきたいのは、この二つがはっきりと別ものというわけではないこと。リアル系にも、妄想に近い勝手な思い込みが少なからず含まれますし、妄想系であれ、性関係を持った事実があったりします。そういう場合、女性の側はまったくの強要、レイプだったと思っているのに男性はそれに一切気付いていません（このようなケースの典型的な例に本章で触れます）。また、リアル系であれ、女性がセクハラで訴えているからには、そこには男性が気付いていなかった――妄想というより錯覚でしょうか――要素が大いにあります。それに、人の気持ちというのは他人には窺《うかが》い知れず、しかも時間とともに移り変わりますから、恋愛感情があったかなかったかについての「真実」は誰にも（本人にさえ！）ミステリーだとも言えるかもしれません（詳しくは第五章で）。つまりこの二つは、大きく重なるものであり、両方の要素が含まれるケースも多いということです。

それを承知していただいた上で、本章では主に妄想系を、第五章「恋愛とセクハラの近くて遠い距離」でリアル系を取り上げながら、恋愛がらみのセクハラのリアリティを見ていくことにします。

男性の恋愛妄想

「合意の付き合いだった」「女性もその気だったはず」と、男性側は主張するが、女性側の言い分は「上司だから親しく接していましたけど、特別な関係になろうとは思ってませんでした。それなのに……」「先生が私のことを恋愛対象として見ていたなんて思ってもいなかったのにショックでした」というのが妄想系の典型的な現れ方。つまり、女性側からすれば、男性側からの強引なアプローチで交際や性的な関係を持たされそうになった、断り切れず強要された、というものです。女性側のこんな言い分は、男性側のものとは大きく食い違っています。「まさかそんなはずはない」「あんなにいい雰囲気だったのに」「彼女だって積極的だったじゃないか」——と男性は言います。しかし私が、相談や調査、裁判で多くのケースを見てきた経験から言えば、こんな男性たちの思いは、大きく現実とずれていることがしばしばで、おめでたい男性の妄想と感じざるを得ないことがよくあります。

とあるセクハラ事件で、相手の女性の方が積極的だったと男性が証言するのを聞いたことがあります。その女性と親しい関係を持ち始めたいきさつについて、この男性はこう証言しました。

ある夏の日、新入社員だった彼女を取引先に同行、用件が終わった後、今日は暑いね、ちょっと休んでいこうかと、ちょうど取引先の近くにあった夏の名所の渓谷に車を向けました。すると女性はその川辺でサンダルを脱いで足を冷たい水につけ、「アー気持ちがいい」と楽しげでした。そのとき、**彼女はスカートを持ち上げたんです**。あ、これは私に**性的なサイン**を送っているな、と思いました。

傍聴席にいた私は、この証言に思わず噴き出しそうになりました。

「涼しいところに連れてってあげるよ」と川や海に連れていかれたならば、若い女性としては、波打ち際や水際で楽しげにふるまうのも案内してくれた人への礼儀のうち。恋人でもない、しかもずいぶん目上の人なのだから、二人で並んで歩いているのも気づまりで、わざと離れて水辺に行ったのかもしれません。そして川に足を入れようと思えば、濡れないように、スカートを多少持ち上げるのも当たり前。それを「性的なサインを送った」と言われても……。もう、その発想自体が、オヤジのセンス丸出し。若い女性の脚のまぶしさに我を忘れてしまったのでしょうか。

でもこの男性、まったく本気のようでした。さもなければ、裁判でこんなことをわざわざ自分から言ったりしないはず。一般的に言えばたしかに、「スカートのすそを上げる」のは「性的なメッセージ」の記号。地下鉄の通気口からの風にスカートをまくり上げられるマリリン・モンローの姿は、セックスアピールのシンボルとしてのモンローの超有名なワンシーンです。古い話で申し訳ないですが、昔、ドリフターズの定番コントでカトちゃんが「ちょっとだけよ〜」とやるギャグもありました。だから、「スカートを持ち上げる」ポーズは、性的なメッセージだとこの男性は信じて疑わなかったのでしょう。

でも記号は記号、あくまでイメージです。それを自分に向けた性的アピールだと思ってしまうのは、かなりの妄想ぶり。

若い女性が中高年の男性を「異性としてまったく意識しない」ために取る行動をカン違いするケースもままあります。とくに女子高や中学の部活の合宿など、女子生徒たちは、指導教員や男性顧問がいる前で、寝袋で寝たり、着替えをしたりもします。そんなことをするのは彼女たちにはその教員が男性としてまったく気にならないから。それなのに、男性の側は「目のやり場がない」と、刺激されてしまいます。そしてそこから、「俺を誘惑してるのか」と勝手にスイッチが入ってしまう男性もいるのです。若い女性の親しげな身ぶりや無邪気なふるまいに、ついつい本気になってしまう男性たちは珍しくありません。

さびしいオジさんのカン違い

とはいうものの、男性がセクハラの加害者として訴えられ、でも男性本人は恋愛のつもり、相手が困っているとは知らなかった、というケースに接するたびに私は、相手の女性が受けた被害に同情する一方、男性の側の「カン違い」「妄想」も、ほんの少しですが、気の毒な気がします。というのは、「妄想」に落ちる気持ちもわかる、と言いたくなるようなパターンがあるからです。

そういう場合、男性は、たいていは中高年。相手は自分の部下や取引先の女性、指導している学生で、若い女性です。男性は、上司や先輩社員として、指導教授として、親身に女性の面倒をみています。女性は若く仕事の経験も少なく、そんな彼女たちにとって、仕事を教えてくれる目上の男性は、頼りがいのある存在。自分を尊敬のまなざしで見つめ、自分が出す指示やアドバイスを一生懸命聞く女性に、男性は好感を持たずにはいられません。

はなはだ失礼なことを承知で言えば、日ごろは家庭で存在感が薄く、妻や娘から疎まれたりもしている中高年男性が、仕事のできる上司、頼りになる男性、尊敬できる先生、と思ってもらえるのですから、嬉しくないわけはありません。しかもそれが若く可愛《かわい》い女性なら、格別でしょう。そういう女性の態度を「ひょっとして俺に気があるのかな」と錯覚するまでは、ほんのちょっとです。

というより、そういう中高年男性は、自分で仕向けておいて気付かないことも多いのです。「家族の誰も俺の誕生日を祝ってくれないんだよな」と愚痴をこぼしていた上司。当然、いつも世話になっている女性は、「これは祝ってほしい、ってことね」と察します。だから、誕生日には「これからも素敵な部長でいてください」などと嬉しいメッセージのカードをつけてデスクにプレゼントを置いておきます。それを男性は、**自分が催促したことも忘れ**、「やっぱり俺のことを……」と、舞い上がってしまいます。

妄想というには大げさかもしれませんが、大事な顧客だから、クライアントだから、と女性が心をこめてサービスをするのを、自分に個人的に向けられた好意であるかのように思い込んでしまう男性はざら。パブやキャバクラ、スナックの女の子やママさんに優しくされて入れ上げる男性もいますが、これは水商売に限ったことではありません。にこやかに美しく微笑《ほほえ》みながら食事やドリンクのサービスをするスチュワーデス（キャビンアテンダント）、患者さんに明るい笑顔で優しく接する看護婦さん、毎週お宅に訪問して高齢男性の食事や掃除の世話を親身にするヘルパーさん。彼女たちのセクハラ被害が頻繁なのは偶然ではありません。ある種の男性顧客は、にこやかで思いやりある女性のサービスに、自分は好意を持たれている、ならばアプローチしてもいいだろうと勝手に思い込み、強引なふるまい（本人は強引だとはまったく思っていないのですが）に出てしまうのです。

そうした職種ではない一般の職場であっても、女性たちは、上司や取引先の男性に「サービス」をしています。一緒に食事をするとなれば、楽しい時間になるよう、精いっぱいの愛想をふりまいて話をはずませ「接待」をします。それなのに、「俺に気があるのかな」と個人的に好意を持たれているのかといい気になる男性、「女性からのアプローチ」とおめでたい錯覚をしてしまう男性……そんなケースには事欠きません。

ケータイが生む錯覚

最近の情報テクノロジーの進化も、上司や部下、派遣先の社員と派遣社員、教員と学生などの仕事上の関係を、男性側が勝手に「親密」な関係だと錯覚してしまう理由の一つになっているようです。

その典型が携帯電話とメール。セクハラと訴えられる事案では、男性が女性に毎日数十通のメールを送っていた、毎晩深夜にケータイに電話していた、とストーカーのようなふるまいをしているのはざら。最初は業務上の連絡や指導のために始まるのですが、そもそもその女性に好意を持っている男性からすると、頻繁な一対一のやりとりの中で、徐々に思いがこもっていきます。しかも、女性の側は、熱心に連絡をくれる上司や教師に無愛想だと受け取られないようにと、絵文字を入れるなどして可愛らしいメールを送ってきます。若い女性からすれば、そんなのは、友人たちと交わしているメールでは当たり前のやりとりですが、**中高年男性は華やかで可愛らしい調子には免疫がなく、**すっかり特別に親しい付き合いをしているかのような気になってしまいます。そこからは、夜更けにはおやすみ、朝方にはおはようとエスカレート、用事もないのにメールを送り、おやすみのメールへの返信メールが女性からあろうものなら、「まだ起きてたの？」などとついついすぐに電話をかけたりもします。

メールや電話は、一対一のパーソナルコミュニケーションでありながら、受け取った相手の戸惑っていたり困っていたりする様子がわかりにくい一方的な情報手段。だんだん「恋人きどり」を始める男性に、いい加減にしてほしい、と女性は電話がかかってきても取らなくなったりするのですが、相手は上司や派遣先の担当社員さんですから、まったく無視するわけにもいきません。男性の機嫌を損ねないように相手をしているだけなのに、「付き合いが深まった」と勝手に解釈して、会ったときに当然のようにキスしてくる上司。こんな例には事欠きません。

「セクハラ」と訴えられてまさかそんな、相手だって自分に好意を示していたじゃないか、互いに合意の付き合いだったじゃないか、と納得できない男性。そういう男性は、多かれ少なかれ、妄想と言っては失礼ですが、相手の女性の態度を錯覚していたのではないでしょうか。

「あの子いいな」と目をつけた女性に、男性は「下心があるわけじゃない」と自分に言い訳しながらも、親しく声をかけたり飲み会に誘ったりしていたはず。そのやりとりの中で感じのいいふるまいをする相手に、「ひょっとしてあの子も？」と感じてしまうのは、残念ながら多くの場合、男性の判断ミス。彼女は、上司や同僚である男性に失礼のないよう女らしく愛想よくしていただけ。でも、相手にときめきを感じてしまうと、その判断ミスには気付きにくいもの。

それでも、「デート」が一度や二度で終わるなら、まだ大丈夫。男性の度重なる誘いを負担に思い始めた女性が「今日は都合が悪いので……」と婉曲《えんきょく》に断ってくるのを、あ、これは俺にそれほど気があるわけではないんだな、とピンと来て、それで誘いをかけるのをやめれば、まだ淡いグレーゾーン。後でセクハラと訴えられることはないでしょう。

でも、残念ながら、ときめいている男性には、そこで冷静に判断がつきにくいもの。断る彼女に、「遠慮しなくていいから」「君の気持ちはわかってる、悪いようにはしないから」と勝手な思い込みで彼女の気持ちを無視したり、「明日の打ち合わせをしなくては」

などと、仕事をからめて女性が付き合わざるを得ないように仕向けたり。そうなるともう、危険なセクハラゾーンに突入です。ときめきスイッチが入ったときはもう橋をわたっていると自覚しましょう。

俺は真剣なんだ！

こうしてカン違いから恋愛モードに爆走してしまう男性たちが決まって口にするのが、「自分は真剣なんだ」というセリフ。

恋愛スイッチの入った男性に当惑して、女性は自分はそんなつもりではないことを説明します。「課長のことは信頼していますが、お付き合いするつもりはないです」「部長は奥様がおありですよね」……。相手は自分の上司、先生なのですから、失礼にならないように、丁重に控えめに女性は意思を伝えようとします。でも、男性は納得するどころか、「僕は真剣なんだ」「君のことを本当に好きなんだ」と言い続けます。女性をベッドに押し倒すときも、「俺は真剣だから」「遊びじゃないんだ」。

男性が真剣であろうがなかろうが、女性にとってはお呼びでないものはお呼びでない。そんな簡単なことがなぜわからないのか、女性からすれば不思議です。でも考えてみれば、古今東西、どんな時代・社会でも、男性には「遊び」のための女、その場限りのセックスがありました。道徳的判断は別として、男性が望めば多少のカネで女性と手軽に「遊べる」というのは厳然たる事実。カネが直接からまないとしても、女性を遊ぶ相手とまじめな付き合いの相手とに分ける「娼婦《しょうふ》」／「聖母」の二分法は過去の遺物ではありません。

だから男性は「俺は真剣なんだ」と、セックスだけが目当てなんじゃない、君を軽く扱っているんじゃないと自分の誠実さをアピールします。男性は、それで相手の女性は安心して自分との関係を受け入れると思っているのでしょうが、でも、男性の「真剣さ」を額面通り受け取るとしても（実際のところはマユツバですが）、その男性との関係を望まない女性にとっては、嬉しくもなんともありません。当然ながら、**女性にだって選ぶ権利があるのです。**

こういう思い違いはセクハラに限りません。相手の女性は嫌がり恐怖心さえ抱いているのに、「自分は真剣に彼女を愛している」のだからと、相手に付きまとうのが正当であるかのように開き直るストーカー。ひどい暴力を女性にふるっても、「お前を愛してるんだから」と当然のように反省もしないDV男性。セクハラと、ストーカーやDVといった犯罪を一緒にするなどとんでもないと叱られるかもしれませんが、カン違いぶりでは似たり寄ったりではないでしょうか。

言うまでもありませんが、男性が真剣であっても、それが女性に性的に接近する権利になるわけではありません。「俺は真剣なんだ」のセリフがセクハラの免罪符になると思ったら大間違いです。

肉食系中高年

本章では、「中高年男性」と何度も繰り返してきました。中高年男性といってもいろいろなのに、ずいぶん失礼なもの言いであることは承知しているつもりですが、しかし、少なくない中高年男性に「モテたい」願望があるのは、理由のないことではありません。

容貌やルックスが人並み以上にすぐれていたり金持ちのお坊ちゃんだったり、若いときからモテっぱなしの男性はあくまで例外として、意外に思われるかもしれませんが、**男性にとっての「モテ期」は、若いときよりむしろ中年になってから**。それなりの人生経験を積み仕事の業績も上げた大人だからこそ、若い男性にはない魅力が生まれます。それに、中年になればこそ、若者に比べれば、多少のフトコロの余裕もあるというもの。ありていに言って、カネと地位を得た男性たちが、若い男より自分の方が男として魅力的、と思うのも、決して的外れではありません。

そんな男性たちは、ついつい、「肉食系」になりがち。中高年男性向けの精力剤の宣伝で「これまでに培った自信と経験を今こそ発揮したい、しかし身体がついてこないアナタにおすすめ」というようなコピーを見たことがありますが、性的機能が若者なみに回復しさえすれば……と願う男性たちの心理を突いています。バイアグラが売れるのも、同じ理由でしょう。

薬効の真偽はともかく、それくらい、**中高年男性のモテたい願望には「肉食」願望が含まれがち**。それがついついつい無意識のうちに働いて、女性たちに対して、おめでたい錯覚や妄想をしてしまうことにつながってしまうのではないでしょうか。

サバンナの百獣の王ライオンも「肉食系」。テレビの動物番組で目にする、勇猛に狩りをする姿には思わず見とれてしまいますが、しかしライオンは、ほとんどの時間はのんびり寝ています。中高年男性も、モテ期だからこそ、あまり肉を食いたいとギラギラしないほうが格好いいです。

◎本章のレッスン
男性が気付けない理由その3

「真剣な気持ちなら許される」と思うのは大間違い。

「男なら押しの強さが大事」と思っていませんか？　たしかに、営業や交渉の場面では「押し」は必要でしょう。でも、それを恋愛に持ち込むのは、現代ではご法度。セクハラどころか、ストーカーになってしまいかねません。気持ちを伝えるのはスマートに、引き際が肝心です。ときめきスイッチが入ると、判断は怪しくなることをお忘れなく！

第四章　女性はなぜはっきりとノーを言わないのか、男性はなぜ女性のノーに気付かないのか

なぜ女性ははっきりとノーを言わないのか

ここまで、男性が合意の上の付き合いと信じていたのにセクハラで訴えられるケース、相手が嫌がっているのに気付かず、セクハラをしてしまうケースを見てきました。恋愛だと思っていた関係がセクハラになる、相手が喜んでいると思っていたのにセクハラと言われる、男性にとってはまさしく悪夢です。

「嫌ならなぜそのときに言ってくれなかったのか」――これは、恋愛関係が含まれるものではない場合でも、セクハラで訴えられた男性側からよく聞くセリフです。こちらからのアプローチにまんざらでもない様子だったはずなのに、「交際を強要された」と訴えられる。合意でホテルに行ったはずなのに、「無理やり連れ込まれた」と言われる。そのときにイヤだとはっきり言ってくれたら、あっさりあきらめていたのに、そのときに黙っていて後で訴えるなんて「ハメられた」ようなもんだ……、そんな被害者意識を抱く男性もいます。

そんな男性の思いを、鈍感だった、気付かなかったのが悪いと責めるのは簡単ですが、でも、いくつものケースを見ていると、その男性個人の鈍感さのせいだけとは言えない事情が背後にあることがわかります。なぜ男性には、女性のノーが伝わりにくいのでしょうか。なぜ女性は、男性がわかるようにノーを言えないのでしょうか。

断ることで起こる報復を女性が恐れているから、という理由が根底にあるのは、言うまでもないでしょう。誘いを断ったことで、クビになったりあからさまに嫌がらせをされるところまでいかなくとも、「覚えが悪く」なったり、気まずい雰囲気ができたりしてしまうと、仕事をしにくくなり、大学なら指導してもらいにくくなるかもしれません。上司や顧客、指導教授に悪感情は持たれたくないから、ノーと言うのにためらいを感じるのは当然です。

でも、「後で仕返しされるかも」「嫌な目に遭いたくないから」といった計算をするから女性はノーを言えない、というだけではないのです。ノーが言いにくいこと、はっきりしたかたちではなかなかノーが言えないことは、報復のおそれを計算する前に、多くの女性たちに埋め込まれている反応でもあるのです。

本章では、なぜ女性がはっきりとノーを言わないのかを、日本の社会文化的な背景も考慮にいれた上で、説明していきます。セクハラで訴えられないためだけでなく、女の子を育てる親御さんや女子教育に携わる方にも、お役に立つことと思います。

見かけは喜んでいるように見せかける

女性が「はっきりとノーが言えない」のは、洋の東西を問いません。アメリカのセクハラ問題のパイオニアであるフェミニスト法学者キャサリン・マッキノンは、「なぜ女性ははっきりとノーを言わないのか」という問題について、望まない、あるいは不快な性的な誘いや働きかけに、「逆らわずにいる」ことで女性は拒否のメッセージをあらわそうとする傾向を持っていると指摘しています。「女性の最も普通の対応は、起きたこと全体を無視するように努めつつ、**見かけは**喜んでいるように見せて巧みに男性の面子を立ててやり、それで男性が満足して止めてくれるだろうと期待する、というものである」（キャサリン・マッキノン著、村山淳彦監訳『セクシャル・ハラスメント　オブ　ワーキング・ウィメン』こうち書房、一九九九年、九三頁。強調は原文)。
具体的な場面から、この言葉の意味するところを見ていきましょう。

職場の飲み会で、場は盛り上がっている。すっかりご機嫌の部長が、「君は僕の学生時代の憧《あこが》れの人に似てるんだよ。今度デートしてくれよ」と、身体を寄せてきます。女性はどう反応するでしょうか。何が憧れの人よ、冗談じゃない、と思ったとしても、ほとんどの女性は、「とんでもない、デートなんてお断り!」とは言いません。相手は部長、しかも部長は酒の上での冗談で言っているのかもしれません。それなのに「お断りします」なんて言うと、冗談を本気に取った自分がうぬぼれていると思われかねません。だから女性は、宴席の雰囲気を壊さないためにも、感じ悪く受け取られないように気をつけながら、「憧れの人なんて、そんな……」と曖昧に受け答え、話をそらしたりトイレに行くふりをして席を立ったりして、その会話をそこで「自然に」終わらせて、デートの誘いに乗らないことで、「自分は興味ない」ことを表現しようとするでしょう。

また、こんなシチュエーションも考えられます。

大学の研究室で、教授が私に本を手渡すのに、包むように手を重ねてきた。えっ、これって何!? びっくりしてその場で反応することもできなかったけど、どういうことなんだろう? 手を握られた、ってこと? まさか? ただ、偶然に触れただけかもしれない、それだったら手をはねのけたりしたら、「自意識過剰」って思われるだけ。それに教授に恥をかかせてしまったらそれこそ大変。気にしないでおこう。

こんなふうに女性たちは、それらの言動を「無視」し、なかったことにして、自分が無関心であることを示して、心のうちの「ノー」をあらわそうとします。

でも、相手の男性側から事態を見るとどうでしょうか。男性は、ほぼ間違いなく、「ノー」のメッセージを受け取ってはいません。昔の憧れの人に似ている、とデートの誘いをかけた部長は、自分のデートの誘いに女性の態度は曖昧で、ＯＫしたわけではないけれど、微笑みながら答えたのだから悪い気はしていない証拠、いい反応だ。次に二人だけになる機会を作ってもう少し接近しよう、と思っていても不思議はありません。手を握った教授なら、自分がさりげなく握った手を彼女は受け止めてくれた、彼女もまんざらではないんだな、じゃあ次は……と、作戦をヒートアップさせるでしょう。

男性にしてみれば、女性の「感じよい沈黙」は、男性のアプローチを女性が「恥じらいながらも受け止めた」か、「まったく気付いていない」ということであって、まさか「内心の不快感を押し殺してにっこりしているだけ」「無視することでノーの意思表示をしているつもり」とはなかなか想像がつかないでしょう。というのも、自分はどこかの変な男ではなく、よい上司、頼りになる先輩社員、よい指導教授としてそもそも彼女に信頼をされているはずなのですから。

男性からすれば、もし彼女が自分に対してとくに好意を持っていないとわかったとしても、それはしょうがないこと、「恥をかかされる」ことでもない限り、仕返しなどするつもりはない。まさか女性が自分からの報復を恐れて不快感や苦痛を押し殺してガマンしているなどとは想像できないでしょう。ましてや機会があれば女性にアプローチしてやろうという気満々な男性なら、女性の「感じよい沈黙」は、次の自分の押しを待っている、女性らしい控えめさと映るでしょう。

セクハラマッサージへのノーの言いがたさ

身体接触を伴うセクハラの「定番」の一つが、「マッサージしてあげよう」と女性の身体を触る、というものです。タチの悪い上司が、お疲れさん、とねぎらうポーズで女性社員の身体にタッチ、というありがちなパターンです。とくにスポーツ指導者やコーチから女子選手へ起こるケースでは、深刻な被害を生んでいるものが後を絶ちません。

この、マッサージに名を借りたセクハラが起こる経緯を見てみると、なぜ女性がなかなかノーが言えないのかの事情がよくわかります。

スポーツ界のコーチと選手のような関係ではとりわけ、選手の性別にかかわらず、選手の身体管理はコーチの職務のうち。だから、コーチや監督から「マッサージしてやろう」と申し出があったとき、「これまでしたこともないのになぜ?」と不審に思ったとしても、女子選手は「イヤです」とはなかなか言えないでしょう。そもそも、そういう場合、「今日の試合はハードで疲れただろう」「明日の対戦は厳しいぞ」などと、マッサージが必要だ、という理由をつけてくるもの。

だから選手は、不安や不審の気持ちを表にすることなくコーチの前に身を横たえます。そして、マッサージなのだから、薄い着衣の姿になったり、直接身体に触れられるのも、当たり前と言えば当たり前。そう思いながらも、最初は肩や脚から揉《も》み始めたコーチの手が、だんだんと胸や太ももに近づくにつれ、「なんだかイヤだなぁ」「こんなところまで……」と不安感が募っていきます。それでも選手は、自分の成績アップのためにやってくれているのだからと、「これはただのマッサージ」と、コーチに不審感を抱く疑う方が失礼だ」と、コーチに不審感を抱く自分をむしろ責めたりします。そして一度マッサージ、自然に思え、こうしたことが何回も繰り返されていくのです。コーチと選手の間にある密接な関係のために、選手は「なんだかおかしいと思う」と第三者に相談しにくく、悩みを深めていきます。

他方、コーチの側は九九パーセント確信犯です。徐々にセンシティブな部位に手を伸ばしていくのにスリルを感じています。選手が声を上げないことを確かめつつ、どんどん触る部位をエスカレートさせます。そしてコーチは、繰り返しマッサージを受け、触り方をエスカレートさせても苦情も言わなかった選手が、「OKのサインを出した」と都合よく思い込んでいるのです。ましてや、それほどの苦痛を感じているとは思ってもみません。

このように胸や太ももを繰り返し触られ、客観的に見れば、そんな不届きな行為になぜ早く抗議しなかったのかと不思議に思えるような場合でも、被害者本人の視点からすれば、「セクハラなのかどうか**わからない**、だから何も言えない」、ということが起こりがちなのです。重要な人間関係だからある信頼、この人が自分を傷つけるようなことをするはずがないという気持ち、そうした感情が、受けている被害を女性が自ら否認するように働き、「ノーが言えない」状態が続いていくのです。深刻なセクハラが親しい関係、信頼できる人との間でしばしば起きるのは、このためなのです。

これは、スポーツのコーチと選手ではない、オフィスの中でも起こること。「疲れたたろ」と寄ってきて肩を揉み始める上司。部下の女性は、えー!?と戸惑いながらも、そんな目で見るのは申し訳ない、と受け入れます。でも、相手の女性が何も文句を言わないからといって、男性のタッチを受け入れていると思うのは大間違い。男性が本当にねぎらいの気持ちであるにしろ、女性の気持ちからすれば、好きでもない男性から職場で身体に触られるのは、避けたいこと。向こうからリクエストされるくらいのマッサージ名人でない限り、やめておく方が身のためです。

性的メッセージを受け取りたくない

性的な文脈では女性が自分の意思を表明しにくく、ノーが言えないことは、実は、私自身も含めて、性暴力やジェンダーの問題を専門とし、それらを語ることが仕事の一部となっている者にとってもそうなのです。

ある女性研究者がご自身が受けたセクハラ体験を次のように書いておられますが、それを読むと、専門家であれ、いかにノーを言うのが難しいかがよくわかります。

「懇親会の座興で、男性器をかたどって盛り付けられた料理を食べさせられた（いうなれば象徴的フェラチオをさせられた）」（カッコ内は原文）とき、……断ろうと思えば断れたにもかかわらず、波風を立てるのは大人気ないという思いから、そして、自分には断る資格がないという卑屈な思いから（中略）、筆者はそれを実行してしまった。けれども、たかが座興と割り切ったつもりだったのに、辱めを受けたという感覚と、男性器を模した料理を見た時の恐怖が長く続き、しかもこの事件について誰にも話すことができなかった。（田村公江「性の商品化——性の自己決定とは」『岩波講座　哲学　12　性／愛の哲学』岩波書店、二〇〇九年、一八二頁）

この体験をされたのがいくつのときか、そのときどのような立場だったのかは書いておられませんが、研究者として自分の意見を述べることを職業としていても、ノーと言えず、後で「屈辱」を感じていたのです。直接の表現はありませんが、「セクハラされた」と考えておられるわけです。そこには、「波風を立てたくない」、相手に面と向かって対立したくない、というだけでなく、盛りつけられた料理が「男性器を模している」ことに気付かないふりをして「象徴的フェラチオ」をしている、させられていることを否認したい気持ちもあったでしょう。

文句を言ったり苦情を言ったりすれば、高く盛りつけられている料理に「性的な意味」を女性がかぎ取りそれを自ら暴露することになるのですから、それだけですでに、その「座興」を企《たくら》んだ男性たちにとっては「成功」です。「へー、そういうふうに見えるんだ、さすが経験者！」などのヤジも飛んだかもしれません。表だって文句を言わなくとも、恥ずかしそうな顔をしている、不愉快な表情をしているだけで、女性が「性的な意味をかぎ取った」ことが露見し、それで「座興」として十分なのです。苦情を言って断れば、その上に、「大げさに騒ぎ立てる」「雰囲気を壊す」「カタブツ」等々の烙印《らくいん》が加わります。だから、そんな状況に置かれたならば、性的な意味にまったく気付かないふりをして、平気な顔をして食べることが、女性にとっての最大の自己防衛だとも言えるのです。

こうして女性は、不快な目、戸惑わさせられる状況の中で、「気付かないふり」「無視」をして、その場をやりすごします。でも、言うまでもなく内心は、屈辱で深く傷ついており、その記憶は消えません。そこで後で機会が来れば、あれはセクハラだったと苦情を言ったり訴えたりするわけです（このケースでは、後で訴えたとは書いておられませんが）。

その場でノーと言わなかったくせに後から言うのは卑怯《ひきょう》、という見方は正当ではないことが、こうしたことからもおわかりいただけるのではないでしょうか。

うまくことを収めたい

女性が「ノー」と言わないのは、相手の男性に配慮をするからでもあります。

身体を触ったり抱きしめたりの行為を繰り返した男性上司に対し、女性がセクハラと訴えた裁判で、女性がはっきり拒絶しなかったのは不自然で信用できないと女性の訴えが棄却されたケースがありました（一九九五年三月二四日横浜地裁。判例時報一五三九号一一一頁）。

原告女性の主張によると、二人きりの職場で男性上司は彼女に接近し身体に触る行為をだんだんエスカレートさせていき、無理にキスをする、身体を抱きしめて執拗に触る、などの行為をするようになりました。女性は、「だめですよ」「お昼休みすぎちゃいますよ」などと男性をなだめ、やめてくれるよう試みましたが、むしろ男性上司は、「ああ気持ちよかった」などと、反省の色もありませんでした。この女性は後で、本社社長に被害を相談、男性上司は叱責を受けることとなりましたが、男性はそれを逆恨みして女性を退職に追い込み、女性が裁判に踏み切ったものです。

この裁判で地裁は、女性の言う被害が真実ならばもっと抵抗したはず、「下手に騒いでよけい部長を煽り立てるようなことになっても困る」と思い優しくなだめようとしたなどという態度は、冷静沈着すぎて、納得しがたいと訴えを棄却したのです。

しかし控訴審判決（一九九七年一一月二〇日東京高裁。労働判例七二八号一二頁）は、それとはまったく異なる解釈をし、原告女性逆転勝訴の判決を下しました。控訴審では、アメリカでの強姦被害者の対処行動に関する研究を証拠として採用、原告女性の対応が十分納得できるものであると論じました。判決は、強姦のような性的被害に遭った女性のうち、逃げたり直接的な抵抗をしたりできるのは被害者のごく一部で、身体的・心理的麻痺《まひ》状態に陥ったり、さらには、加害者をなんとか落ち着かせるにはどうしたらよいかを思いめぐらせたり加害者の気持ちを変えさせるため説得しようとしたりする者も少なくないと認めました。とくに、加害者が職場の同僚などの場合は、友好的関係を保とうと努力することもあると述べています。実際このケースでは、原告女性は、被告に対する尊敬の気持ち、恩義を感じていたため、被告を突き飛ばすなどはできなかったと証言していました。

このように、ノーと言わない、抵抗しないのは、相手のことを配慮し、ことを大げさにすることなく収めようとする女性の懸命の努力のあらわれでもあるのです。それなのに「ノーと言わないのは不自然」「最初からノーと言わないのが悪い」かのように決めつけるのは、現実をまったく無視した暴論と言わざるを得ないでしょう。

しかし他方、まさにこのケースでもそうだったように、いくら女性が「こうしたらやめてくれるはず」「うまくなだめれば気持ちを変えてくれるのでは」などと努力しても、その気持ちが相手に伝わることは、残念ながらめったにありません。

しみついたサービス精神――女にノーはない

このように、女性の「ノー」と言わない配慮が、それでやめてもらえるどころか、事態を悪化させることが多いとすれば、女性もどんどん無遠慮にノーと言い、はっきり抵抗できるようにしなければ、と思えてきます。

しかしそれは、簡単なことではありません。「竹を割ったような」というのが決して褒め言葉ではない日本文化。「和」や「協調」が求められるのは二一世紀のＩＴ時代の今でも変わりなく、「ＫＹ」、すなわち空気を読む、という若者言葉さえ定着しています。そんな文化の中では、男性も女性も、対立を避け、言いたいことも言わず相手に調子を合わせるのがお約束。相手が上司や顧客ならなおのことです。

それは男女共通ですが、とくに女性の場合は、子供のときから「素直で優しく」と教え込まれます。そして相手に対する気配り、情緒的配慮、相手の意に沿い感じよいと思われる態度を身につけていくのです。

しかもそもそも、はっきりと「ノー」と伝える言葉を日本の女性たちは持ちません。こう言うと奇異に聞こえるかもしれません。女性によっては気が弱くはっきり拒絶の言葉を言えない人もいるだろうが、女性には「ノー」の言葉がないとはどういうことか、と。

たとえば電車で痴漢に遭った女性がどういう言葉を発するか考えてみてください。現実には不快感を押し殺し、黙って身体をずらしてなんとか逃れようとするだけ、という女性が多数派ですが、声を出すことができたとしても、か細い声で「やめてください」「やめて」と言うのが関の山でしょう。でも、「やめてください」は、決して「ノー！」「やめなさい！」ではありません。命令ではなく依頼、礼儀正しいお願いです。小さな可愛らしい声でそうした「女らしい」反応をされれば、痴漢はあわてて手をひっこめるどころか、むしろ喜ぶかもしれません。

男性がもし同じような目に遭ったら、「やめろ！」と怒鳴ることもできますが、女性にはそれはできません。女性が電車の中で「やめろ！」とドスの利いた声で怒鳴ったら、周囲は、女性の被害に同情するよりも、なんと非常識な女性かと呆れるに違いありません。

ここから見えてくるのは、日ごろは気付かない、ジェンダーによる言葉の縛りです。日本語では、とくに女性は、断定・言い切りの言葉を使いません。女性は会話ではいつも、「～かも」と語尾を曖昧にし、相手の意図を窺いながら頻繁に相槌《あいづち》をうってコミュニケーションをします。相手に何かを要求したり禁止をしたりする場合ですら、女性の言葉がストレートな命令のかたちを取ることはほとんどありません。あるとすればせいぜい犬に「お手」「伏せ！」と言うときくらい。子供にも、父親なら「勉強しろ！」と言うところを、「勉強しなさい」「しなくちゃだめよ」と言うのですから。

そんな女性たちには、不快な、意に反した性的接近をされ、セクハラや痴漢に遭う場合ですら、はっきりとノーを伝える言葉がありません。報復されるのではないかと考える以前に、戸惑いやおびえ、あるいは相手への配慮から女性が「ノー」を言えない事情をこれまで縷々《るる》ご説明してきましたが、その奥に、そもそも「ノー」の言葉がないとは、なんとも悲劇的なことではないでしょうか。

しかしもちろん、言葉や表現は変化します。女性がしゃべる日本語に「ノー」がないのは女性が置かれた社会状況の反映です。歴史をたどれば、階層・地方によっては、男女の言葉遣いにさほどの性差はなく、女性は今の感覚からすればもっとぞんざいで乱暴な言葉遣いをしていました。今でも地方によっては、「オレ」と自分を呼ぶおばあさんがいたりします。

だとすれば、これから女性が自分の意思をもっとはっきり表明できる環境ができてくれば、言葉は生まれてくるはず。実際、中学生くらいの女の子たちは、自分を「ボク」と呼んだり、男子を上回るような乱暴な言葉遣いをすることがあります。たいていの場合、そんな言葉遣いはひどく叱られ、「大人の女性」に成長するにつれ、そういった言葉遣いは影をひそめていきますが。

一見乱暴な言葉遣いは、女の子たちにとって、女らしさの枠に縛られずに意思をはっきりと伝えるためのポジティブな挑戦。それが多くの女性に広がって、女性が遠慮なく「ノー」と言えるようになれば、それは女性にとってだけでなく、「なぜ最初からノーと言ってくれなかったのか」と考える男性たちにとっても、望ましいことではないでしょうか。

とはいえ、それには時間がかかります。当面は女性も男性も、女性がノーと言えない社会構造や事情を十分理解した上で、ノーと言える環境を作っていく努力が望まれます。とくに男性には、セクハラをしたと後で言われないためにも、はっきりとしたイエスではない曖昧な沈黙は、OKのサインではなく、NOのサインだと受け止めるだけの想像力と度量を期待したいものです。

男が女のノーに鈍感なわけ——気付かないのがビルトイン

本章ではここまで、女性がなかなかノーと言えない理由を詳しく見てきました。セクハラの「濡《ぬ》れ衣《ぎぬ》」を着せられては大変、と思う男性からすれば、女性がもっとはっきりとノーと言ってほしいと考えるのは当然でしょう。しかし他方、一部であれ男性が、女性たちが抱く不快感やイヤな気持ちにあまりに鈍感、というのも事実。

このことをはっきりと示す事件がありました。兵庫県警の巡査部長が交番やパトカーの中で同じ交番に勤務する部下の若い女性巡査のお尻《しり》や太ももを半年もの間、繰り返し（報道によると一〇回以上！）触っていたというのです。半年経《た》ったころにやっと女性巡査は、もう耐えられないと同僚に相談して発覚しました（「朝日新聞」二〇一二年六月八日、「神戸新聞」二〇一二年六月八日）。

しかしこの五二歳の巡査部長、「太ももの触り心地がよく、何も言われなかったので続けてしまった」と話しているというのです。

なんとも、おめでたいセリフです。警官が、しかもパトカーや交番の中で痴漢行為とは、呆れ返りたいところですが、もしかすると、タイトスカートの制服からこぼれるまぶしい太ももにふと魔が差したのかと「気持ちはわからないでもない」と考える男性もいるのではないでしょうか。

相手の気持ちに鈍感でさらに悪質な犯罪となった、有名な事件がありました。故・横山ノック氏が大阪府知事時代、選挙運動員の女性に強制わいせつをして、懲役一年六カ月（執行猶予三年）の有罪判決が下された事件です（二〇〇〇年八月一〇日大阪地裁）。発覚当時は、「知事のセクハラ」と新聞やTVで大きく報道されました。事件は、ワゴン車の中で女性のズボンに手を入れ、わいせつ行為を働いたというものでしたが、ノック氏は裁判で、「それほど嫌がっているとは思わなかった」と証言していました。

「イヤじゃないわけがないでしょう！」とすぐさまツッコミを入れたくなりますが、しかしノック氏自身は、前述の巡査部長と同じく、「何も言われなかったので続けてしまった」くらいの気持ちだったのではないでしょうか（この女性は、突然のことが身に降りかかったショックと報復のおそれでその場では声を上げることもできなかったと証言していま す）。

男性がなぜこれほど鈍感になりうるのか、理解に苦しむところですが、先にご紹介したマッキノンは、「概して、男性の加害者は性的な出来事を、被害者が感じるような暴行として受けとめない。彼らがセクシャル・ハラスメントを続けても平気でいられるのは、ある程度そのためにちがいない」と述べています。つまり、される女性の側がとても不愉快、苦痛に感じることでも、している男性の方はその行為がそんなひどいことだとは思ってもいない。ある意味で、ハラッサーの側には「悪意」はないわけです。ハラッサー男性は、セクハラへの女性の怒り、憤慨にびっくりしますが、その当惑は、ですから、見せかけではないのです。つまりそれは、「性的接触が相手に不快な思いをさせることを加害者が知っている」ということを証明することの難しさを示しています（マッキノン、前掲書、二五五頁）。

でも、彼らであっても、相手が若い女性巡査やアルバイトの女子大生ではなく、署長や後援会長の娘さんなら、そんなことはしなかったはず。いくら鈍感な男性でも、目下の若い女性ではなく女性上司や社長夫人になら、太ももを触るどころか、しっかりと相手の感情に配慮します。鈍感でいられるのは、相手の女性を軽く見る気持ちがあるからです。

そう考えると、ある程度の年代や地位にある男性たちにとっては、鈍感さは構造的にビルトインされている、つまり組み込まれていると言っても過言ではありません。間違ってもセクハラ男になりたくなければ、そのことを自覚しておいた方がよさそうです。

強制していても気付かない

男性に構造的にビルトインされた鈍感さについて、違う観点からもう少しご説明しましょう。

セクハラ問題に詳しい心理学者、窪田由紀さんは、人に言うことを聞かせることのできる「権力」の資源は、報酬勢力・強制勢力・正当勢力・専門勢力・関係勢力に分けることができると説明しています（窪田由紀「セクシュアル・ハラスメントの背景――社会的勢力の概念による『力関係』の分析」『九州国際大学教養研究』六巻一号、一九九九年）。報酬勢力・強制勢力は、言うことを聞けば報酬を与える、聞かなければ罰を与える、という比較的わかりやすいもの。「俺と付き合えば、契約期間を延長してやろう」「今晩付き合わなかったら今度の契約はないものと思え」といったパターンです。こうした、上司だったり派遣先だったりする力を利用する卑怯なやりくちがセクハラなのは自明でしょう。だからこそ、セクハラで訴えられた男性の多くは、「自分はそんな卑怯な脅しをかけた覚えはない、だから自分のやったことはセクハラではあり得ない」と思うわけです。

でも、報酬勢力や強制勢力を使うやり方は、セクハラとしてわかりやすいものではありますが、とりわけ恋愛がらみのセクハラでは、こうした働きかけが使われることはまずありません。というのは、上司と部下の女性、派遣先の社員と派遣社員、指導教授と学生のように、力関係のあるところでは、**あからさまな脅しをかける必要がない**からです。脅しどころか、ごく普通のデートの申し込み、控えめな誘いかけであっても、「断れば次の契約が危ないかもしれない」「言うことを聞かなければ指導してもらえなくなるかもしれない」と相手の女性が心配し解釈して、**自ら迎合してくれる**のです。それが、男性には、女性の側の「自発的」な「合意」に見えてしまうのです。

この解釈は、女性の「勝手な解釈」ではあります。男性側は、自分の立場からくる力を振り回そうなどとはまったく考えていない、良心的な男性かもしれません。誘いをかけてふられたらそれでしょうがない、自分が報復なんてするわけがない、と思っている男性にとって、相手の女性が「断ったら圧力をかけられるかもしれない、だからイヤだけど断るわけにはいかない」などと考えて自分の誘いに応じているなんて思いもつかないかもしれません。そんなふうに気をまわされるのは、かえって迷惑と思うかもしれません。そんなふうに自分のことを誤解して、後で「セクハラだった」などと言われるのでは、たまらないと。

でも、はたしてそう言い切れるでしょうか。男性の誘いをはっきりと断れば、後で気まずくならないでしょうか？　女性は特別な関係になるのを断っただけなのに、男性はプライドが傷つき、メンツがつぶされたような気がして、むっとくる、ということはありませんか？　断られるのは気持ちのいいものではないから、契約期限が来たときに、この際だからと、その女性社員の契約更新はやめておこうという気持ちにならないと言い切れるでしょうか？

そうした可能性が皆無ではないから、力の弱い側の女性たちは、力のある側に自ら迎合し、相手の意に沿おうとするのです。力とは、持っている側は、自分に備わっているとは気付きにくいもの。自分の力を誇示してふるうのは、よほどの権力者か、『ドラえもん』のジャイアンのような子供だけです。

敬意から始まる

今、報酬や罰を持ち出さなくとも、女性は自ら迎合してくれる、と書きましたが、もちろん、何もないところでそんな力が働くのではありません。そのように従ってくれるのは、その背後に、微妙な力が働いているからです。それが、専門勢力・正当勢力・関係勢力と呼ばれるもので、これらは、互いの関係性が大きくものをいって働きます。専門勢力は、相手の持つ専門性のために、その人の言うことを聞くのが当然と思い込んでしまうようなこと。正当勢力とは、相手が行動を指示する正当性を持つと知覚する場合に働くもので、たとえば、先輩―後輩の間、男―女の間で働きます。そして関係勢力とは、相手に憧れや尊敬、好意・愛情を抱いているときに働くものです。

職場でそれなりの地位にある中高年男性は、これらの勢力を普通に持っていると言えます。若手の女性社員からすれば、仕事ができて頼りになる上司。上司の言うことに従うのは当たり前で、かりに首をかしげるような指示であっても、「そんなものかな」と思ってしまいます。とくに大学院などでは、その先生の本を読んで感激し、ぜひこの先生のもとで研究したいと入学してくるケースも稀《まれ》ではありません。そんな学生に、先生の言うことに従わせるのは簡単なこと。窪田氏によれば、こうした力の方が、あからさまに報酬や罰を持ち出して言うことを聞かせるよりも高度です。相手を信頼する気持ち、尊敬する気持ちが、「自然」に相手の言うことを聞く態度を作るのですから。

男性の方は、こうした勢力を自分が持っているとは、あまり認識していません。というのも、新入の女性社員、初学者の女子学生にとっては、男性が抜群のやり手、優秀な学者に映っているとしても、客観的に見れば、さえないオヤジではないにしろ、フツウの中年サラリーマン、単なる教師。日常的には、社長や取引先にヘイコラ頭を下げ、家ではあまり存在感もありません。そんな自分が相手に対して、イヤなことでも黙って言うことを聞かせることができるような力を持っているとは、あまりピンと来ないものです（というより、「俺様にはそんな力がある」と日ごろから意識しているような人は、社会人失格のジコチュウでしょう）。しかも、若く可愛い女性がそんな気持ちを自分に持ってくれているとは思わないものです。そこに、合意をめぐる食い違いが起こってきます。

具体的な場面を考えてみましょう。

D子と課長は、課のプロジェクトにこの半年ずっと取り組んできました。当初はミスも多かったD子ですが、課長の教育よろしく、最近は頼もしく取引先とも立派に交渉しています。苦労の多いプロジェクトの過程では、何度も一杯やって、打ち解けた雰囲気もできています。ぱっちりとした目で控えめながら愛嬌のあるD子に課長は好感を抱いています。先週は、酔ったD子の肩を抱えてアパートまで送ってやりました。そのとき、なんとなく「いい雰囲気」を課長は感じていました。

D子と同行の出張先での交渉が成功裏に終わったその夜は、二人とも達成感でいっぱい。D子は、課長の手腕を褒めちぎります。その言葉は耳にとても快く、D子も自分に惹かれていたのだと思います。そこで課長は誘いをかけます、「部屋で飲み直さないか」と。ためらうことなくついてきたD子を、課長は部屋に入るなり抱きしめてベッドに……。

どうでしょうか。

半年間も親しく付き合ってきた課長とD子。D子はとくにその夜は親しげだった。ホテルの部屋に来ないかと声をかけ、それに応じてD子は自らやって来た。だから当然、セックスした。

ところが後でD子は、この夜のことを、ホテルの部屋に呼ばれて性関係を強要されたとセクハラで訴えている。冗談じゃない！

課長から見れば話はこうですが、でも、D子の側から見てみれば、課長が感じていた「いい雰囲気」は、仕事ができる上司への尊敬であり、上司の意を損ねたくない部下としての「おべっか」でもあります。D子が酒席に参加しないと、翌日には必ず、「チームワークだからな、今度はサボるなよ」と言っていた課長。D子は、だから、課長の機嫌を取ろうとかなりプレッシャーを感じていたのです。出張先での交渉がうまくいってD子は本当に嬉しかったのですが、それは、会社のためだけでなく、課長の機嫌が悪くならないで済んだから。だからその夜もD子は、課長を思い切りヨイショしていました。それに課長は、「部屋においで」と言ったとき、「明日のスケジュールを確認しなくちゃいけないから」と言っていました。D子は、部屋に行くのは気が進まなかったものの、明日の仕事のためなら仕方ありません。それなのに、部屋に入った途端、キスしてベッドに押し倒すなんて、D子からすればまるでレイプです。でもD子には、大きな声を出して逃げ出す勇気は出ませんでした。そんなことをすれば、プライドの高い課長のこと、「恥をかかされた」といびられるとD子は思わざるを得ませんでした。それでも、受けたショックの大きさは、黙って耐えられるようなものではなかったのです。

このように、男性側が感じていた女性の側の好意、同意は、男性との力関係の中で生み出されているもの。上司だから、仕事上の関係が大事だから、従っているのです。それを男性は、「男女」の関係だとカン違いしがち。自分の持っている正当勢力・専門勢力・関係勢力のおかげで、女性が自分に迎合してくれているとは思いもしません。これではやっぱり鈍感というもの。その鈍感さがセクハラの元凶になるのです。

ここまで「地位と力のある男性」と書いてきました。断っておきますが、「自分はそんなにお偉いさんじゃないから、大丈夫」と考えるとすれば早計。力というのは相対的なもの。平社員であっても、同じくヒラの女性社員より職場で力を持っている場合が多いですし、ましてや派遣社員や契約社員からすれば、相当のパワーです。会社という組織で普通に働いている限り、こういった勢力にまったく無縁の男性はいないと思った方が間違いありません。

上司や先生に好意を持ってもらい、個人的に食事に誘われるのは、女性にとって嬉しいもの。頼りにし、敬意を抱いている男性と一対一で親しく話せるのはラッキーだと思うでしょうし、一生懸命、ご機嫌も取るでしょう。中高年男性にとっても、とてもリフレッシュすることでしょう。でも、だからといって、それを個人的な好意、男性として好かれているとカン違いしないこと。舞い上がるのは禁物です。

◎本章のレッスン
男性が気付けない理由その4

女性はイヤでもにっこりするもの。

内心、はらわたが煮えくり返っていても、顔には出さず、ご機嫌取りに努める――そんな経験は、男性でも多かれ少なかれあるはず。自分の非を部下に押しつけて知らん顔を決め込む上司、無理難題を吹っかけてくる客……。いちいち腹を立てているようでは、サラリーマンは務まりません。そんな経験を振り返ってみれば、女性が内心を押し隠してにっこりしている気持ちも理解できるはず。イヤな上司、モンスター客と同じになりたくなければ、目下の女性に対してもセンシティブになりましょう。

第五章　恋愛とセクハラの近くて遠い距離

セクハラへ転化する恋愛

男性は、恋愛・合意の付き合いだと思っていたのに、セクハラと訴えられるケースのうち、「妄想系」については第三章で述べましたが、本章では、男性の一方的な思い込みとばかりは言えないパターン、つまり「リアル系」について扱います。

先に、恋愛とセクハラの境界は曖昧でありうると述べました。恋愛がセクハラに転化する例は、事実としてあります。セクハラの訴えをしている女性当人が「恋愛だった」と認めることは少ないですから、そう断言するのは言いすぎかもしれませんが、客観的な状況を第三者的に見れば、恋愛関係にあったように見えるケースは確実にあります。

そもそも恋愛なんて、トラブルがない場合であっても、当事者二人の間でも誤解や思い込みがあるのが普通。本人でさえ、「自分の気持ちに確信が持てない」「なんであんな人が好きだったのかわからない」などというのもよくあることです。ましてや第三者には、二人が本当に恋愛関係にあったのかどうかは窺い知れないもの。そうした断りの上ではありますが、恋愛関係だったにもかかわらず関係が変化して、女性があの関係はセクハラだったと男性を訴えるケースはあると私は考えています。恋愛は双方の合意で成り立つ関係、それに対してセクハラは権力関係を利用した脅かし。両者は、まったく違うものではありますが、しかし一面では、恋愛とセクハラの距離は微妙に近いのです。

恋愛だったのにセクハラで訴えるなんてそんなバカな、だからセクハラの訴えなど信用するに足らない、と考える前に、なぜ恋愛がセクハラに転化するのか、恋愛とセクハラはどうして混在してしまうのか、そのわかりにくさに本章はメスを入れます。

周りから見ればまるで恋愛

セクハラを受けたと女性が職場や大学の相談室や弁護士に訴え、調査などを経て、そのことが周囲に明らかになったとき（プライバシー保護の観点から、関係者は情報を極力伏せますが、それでも周囲にわかってしまうことはままあります）、周囲は驚くことがよくあります。「まさかあの人が……」と、セクハラの事態があったことに驚く場合もありますが、「あの人たちは付き合っていたはずなのに」「普通以上に仲がいいと思っていたのに」、ちょっと下世話に言えば「できてたと思ってたのに」と、二重の意味で予想外、という反応です。セクハラ被害を受けたと訴えている女性に対しても、「えーっ、あの子は部長のこと好きだったんじゃないの？」「あの先生には、彼女はずいぶん目をかけてもらって、いい思いをしてたはずなのにどういうこと？」と、女性に非難の矛先が向くこともありがちです。

職場の上司から部下の女性へ、指導教授から学生へ、性的にアプローチするタイプのセクハラでは、女性側の気持ちがどうであろうと、実際にはどのような経緯であろうと、周囲には「恋愛」「特別に親しい関係」と見えていることはよくあります。第二章で紹介した「自分でもわからない」と悩んでいた女性も、きっと周囲の同僚たちからは「部長のお気に入り」と見られていることでしょう。

というのも、男性と女性は仕事上や教育上の近しい関係なわけですから、かりに女性が男性からの接近に当初からイヤがっていたとしても、ケンもほろろにまったく相手にしない、「あなたはキモイ、私のこと誘おうなんてバカじゃない！」などと告げてアプローチをシャットアウトするなどということはあり得ません。上司と部下ではなく同僚でも、職場で「あんたなんかキライ」などとミもフタもない反応をする女性は「無礼」「非常識」の烙印が押されてしまいます。

ですから女性は、男性の誘いに適当に調子を合わせますし、個人的な感情がないとしても、尊敬し頼りにしている人からの誘いなわけですから、むしろ喜んで食事や酒に付き合ったりします。それを周囲が知れば、二人は「特別に親しい」「できてる」と見えるでしょう。男性がその女性をひいきしていると思われるのも仕方のないところです。

その後女性は、個人的な付き合いを求められていることがわかって困惑するが、すっかり恋愛モードに突入した男性がもう止まらずセクハラになるという場合もあるでしょうし、相手が妻のある上司であれ自分の指導教授であれ、女性の方も恋愛感情を抱いて双方合意での恋愛関係が続く、という場合もあるでしょう。後者の場合であっても、次項で述べるように、それでもセクハラに転化しうるのです。

さらに極端なケースでは、レイプ・強制わいせつにさえあたるような暴力的な性行為の強要から始まったものが、はたから見れば、「恋愛」のような様相を呈する場合があります。

五年の歳月をかけてセクハラ裁判を闘い、裁判所の勧告により加害者側からの慰謝料を得て和解で勝利を得たE子さん。裁判での彼女の陳述によると、既婚者で子供もいるE子さんは、パートで働いていた職場の正社員であるFから酒席の後ドライブに連れて行かれ、山道で車の中で押し倒されてレイプされかけます。大きなショックを受けたE子さんですが、その後も平気な顔をしているFに、恐怖感を覚えます。そして、「自分にすきがあったからではないか」という罪悪感、自己否定感から、これはセクハラではない、恋愛関係だと自分に思い込ませようとさえするのです。しかも、Fの奥さんに気付かせることができれば別れられるかもと、マフラーやネクタイのプレゼントまでするのです。こうした行動は、「まるで恋愛」に見えることでしょうが、相談する相手もなく、心理的に追い詰められた状態のE子さんにとって、必死の行動だったのです(『妄想男《セクハラ》は止まらない　勝利的和解・セクハラ裁判の記録』セクシャルハラスメントと斗う労働組合ぱあぷる、二〇〇八年)。

このE子さんのように、相手が取引先や上司、教師など断り切れない関係である場合にはとくに、女性にとっては暴力に屈して無理やりセックスをさせられたと考えるよりも、「自分を好きだから相手は強引に迫ってきた」と思って従う方が心理的にラクということがあります。そのような場合、セクハラどころかレイプと性暴力の連続であるような関係ですら、女性はなかばあきらめて従い続け、傍《はた》からは「恋愛」だと見られています。そして女性がやっと声を上げてノーと言えるようになったとしても、まるで痴話喧嘩か別れ話のもつれのように見えて、女性の言い分は信用できないと片付けられてしまったりするのです。

恋愛のプロセス

ここまで、処分を受けた男性側が「合意だった」と主張するケースが実はそうではないことがままあるのを説明してきましたが、セクハラだと訴えられるケースが全部そうだというわけではありません。女性側が「最初から恋愛などではなかった」「意に反していた」と主張しているケースであっても、少なくともある時期には恋愛関係があったのではないかと推測できる場合はあります。

それならば女性がウソをついて訴えているのか、そうだとしたらセクハラはまさに冤罪ではないかと、早急に結論付けたくなるかもしれません。でも、そうではないのです。驚かれるかもしれませんが、はじめは恋愛だったかどうかは、セクハラかどうかを判断するのに、決定的な基準というわけではないのです。

女性の訴えがどうであれ、恋愛関係があった場合、そのことは比較的明らかに浮かび上がってきます。周囲の証言や、残っているメールや手紙からは、女性が上司や教師を素敵な人だと敬愛していたことがわかるでしょうし、彼女と彼が「ラブラブ」だったことを示す「証拠」がいっぱい出てくることもよくあります。裁判の証拠として、二人がやりとりしていた親しげなメールや、女性が男性に贈ったプレゼント、仲よく旅行先で写した写真などが提出されることもあります。私は、女性が男性に送った親しげなクリスマスカードが「恋愛関係にあった」証拠として男性から出されたのを見たことがあります。女性の主張通りに最初は女性にはそんな気はなかったとしても、「相手の押しの強さに負けて」始まる恋愛は珍しくないですから、「最初はその気がなかった」ことが恋愛ではなかった証というわけではありません。

問題となるのは、一つには「恋愛」のプロセスです。恋愛の中では、それが激しいものであればあるほど、さまざまな波乱が起こります。上司と部下の不倫、教師と学生の恋愛などになるとなおさら、「ほのぼの」恋愛とは違って、経験する波風は大きく高いものです（さぞや燃える恋愛でしょうね）。つい手が出てしまうほどの激しい諍《いさか》いや、感情がたかぶっての暴力的なセックス、交際の過程でせざるを得なかった妊娠中絶、不倫だったために女性がしなければならなかったさまざまなガマン……。そうしたことがらは、恋愛中は耐えられたものの（むしろ関係を燃え上がらせるスパイスだったかもしれません）、関係が終わり、男性に結局誠意がなかったことがわかったとき、一つ一つの経験が、イヤな記憶としてよみがえってくるのです。この状態に至った女性には、過去の思い出は、自分も熱を上げラブラブだった時代のことも、男性にマインドコントロールされてそう仕向けられていたようにさえ思えるのです。

結果アウト

恋愛中には被害とは捉えていなかったのに、そのときにはイヤな思いをしていると言わなかったのに、後から言い出すなんて卑怯だ、ルール違反だ——そう思う人もあるでしょう。でも、やはり、その女性にとっては、それらはまぎれもない被害の「事実」です。マインドコントロールなんて後付けだ——そう言いたくなるかもしれませんが、セクハラでは、力や立場の上下関係が必ずあるのですから、圧力があったことに間違いありません。

さらに重要なことは、その恋愛のおかげで女性が失ったものの大きさです。たしかに恋愛であったとしても、セクハラだと訴える女性は、結果としてその恋愛の破綻《はたん》のために、職場にいられなくなり、仕事を失い、大学などの場合は研究の前途も見えなくなっているのです。

ここであらためて思い出してください。セクハラにおいて、男性と相手の女性は「対等」ではないのです。上司と部下、正社員と契約社員、派遣先と派遣社員、指導教授と学生。そこには力関係があります。そもそもその関係があるからこそ、女性は男性を尊敬し魅力的に思い、交際が始まったのです。

つまり、かりに恋愛として始まった関係であれ、結果として仕事が続けられない状態になっているとすれば、それは「結果オーライ」ならぬ、「結果アウト」なのです。

しかも、ハラスメントとして訴える女性たちは、精神的に非常に苦しみ、うつの状態になっていることも珍しくありません。そのせいでますます、仕事や学業への復帰が難しくなり、時間が過ぎていきます。そのことが悪循環となって彼女を苦しめます。人間関係とは相互的でダイナミックなもの、うつの原因が何か一つのことに特定できるわけはありません。ハラッサー男性に全責任があるとはとても言えないでしょう。ですが、繰り返しますが、自分の部下や指導学生でありながら、女性がそのような状態になるのに手を貸してしまった、それにまったく責任がないとはとても言えないでしょう。会社や大学は、それを捉えて、男性にセクハラの責任を問うのです。単に女性をふった不実な恋人としてではなく、職業人・社会人としての責任が問われているのです。

大人の対等な恋愛ならＯＫ？

大学を舞台とする恋愛型セクハラの場合、大学と教員とが教育責任を負っている以上（しかも学生は、授業料を払っている「お客さん」です）、セクハラの責任がより厳しく問われるのは当然です。ですが、職場での場合は、上司と部下の関係があるにしろ、オーナー社長でもない限り、両者は同じ被雇用者の立場ですから、もう少し判断は微妙になってきます。それでも、恋愛の破綻の悪影響が、女性の側にのみ及んでいるとすれば、それはセクハラ警報です。

かつて女性たちは、そんな気まずい思いをするくらいならと、仕事を辞めることで問題を「解決」してきました。でも現代の女性たちは、そんなことは言っていられません。独身・既婚を問わず、働くことは当たり前となり、女性が自分の生計を立てたり家族を支えるのも珍しくなくなりました。心理的な意味でも、仕事に人生をかけるようなやりがいを感じ、仕事は自分のアイデンティティの一部です。仕事が「小遣い稼ぎ」や「嫁入り前の腰かけ」ではない女性たちにとって、セクハラによって職を危うくされるのは死活問題。女性たちにとって仕事の意味が大きく変わった現代だからこそ、セクハラが社会問題として浮上してきたのです。

不倫であれ通常の恋愛であれ、職場恋愛の幕引きは難しいもの。互いに気まずく、仕事もやりにくくなったりします。別れた女性の存在は煙たいですから、人事の裁量ができる立場なら、機会を狙って彼女の配置転換をはかったりします。女性のことを気遣って配置転換をしてやった方が気まずくないだろう、と気をきかせようとする場合もあるでしょう。

でも、結果として彼女のキャリアが妨害されることになってしまえば、それはセクハラになってしまいます。女性の活躍の場が増えてきた現在でも、まだまだ職場では男性が中心。女性は仕事を続けていくのに、男性が想像する以上の苦労をしています。いったん契約を打ち切られれば次の仕事はあるのか。パートであっても、仕事は生活の糧、人生の大事。「キャリアウーマン」でなくとも簡単にあきらめられるようなものではありません。

ところが往々にして男性は、女性の仕事への姿勢を軽んじています。男と違って女は辞める自由があっていい、などと考えている男性もいます。そんな男性たちは、トラブル回避のために女性の側が仕事を辞めるのは当たり前、とさえ思っているのかもしれません。でもそんな考え方では、別れがセクハラになってしまいかねません。女性がどれほど仕事にこだわっているかを考えもせず、安易に女性を異動させたり辞職させたりして「問題解決」しようとする態度は禁物です。

権力と恋愛

職場や大学の人間関係の中で、男性が女性に「手を出す」のがいかに危ういことか、わかっていただけたでしょうか。職業上・教育上の力関係があるところでは、男性にそんなつもりはないとしても、相手の女性に圧力をかけることになり「強要」になりかねませんし、かりに当初は双方合意の恋愛だったとしても、二人の間にある仕事や研究上の上下関係は、結局は女性の方に悪影響を及ぼして彼女の労働環境や教育環境を悪化させるセクハラとなってしまいがちなのです。そもそも、そういった上下関係のあるところで、「自由な恋愛」をするのは困難だと言わざるを得ません。

そもそも、若い女性社員や学生が、上司や指導教員に惹かれるのは、男性が立場上当たり前のこととして持っている職業能力や経験のせい。若くて世間知らずの女性には、男性が、実力以上に特別にできる人、素晴らしい能力の持ち主に見えるのです。指導や管理の責任のある立場の男性が、相手の女性のそんな錯覚を利用するのは、情けない限りではありませんか。どうせ、彼女がだんだん経験を積んでいけば、その「魔法」は解けて、それほど大したことないフツウの男だとわかるというのに。

このように言うと、力関係の働かない恋愛などない、恋愛には錯覚もつきもの、と反論があるでしょう。まったく対等な関係などめったにあるものではないし、力関係のない人間関係などあり得ない。人を愛するとは、程度の差はあれ、自分の気持ちを「押し付ける」ことではないか。メルロ＝ポンティも、「他人の意志に対する侵害ではないような愛を考えることができるものでしょうか」と言っています（『眼と精神』みすず書房、一九六六年）。また、ジェシカ・ベンジャミンは、『愛の拘束』（青土社、一九九六年）で、愛という行為には支配が不可避的に潜むことを説得的に論じています。

男性と女性の間には、それぞれが置かれてきた歴史的・社会構造的な背景から、力関係がほとんどつねに潜在しています。また、力関係があるからこそ、その中に恋愛という激しい感情が生まれるということも言えるでしょう。上下関係のゆえに、相手が現実よりも素晴らしく頼りがいがあるように思え、また、実際よりも可愛いらしく、保護してやりたい、と思える。そのどこが悪いのか、幻想や錯覚がなければ、世の中には恋愛などほとんど生まれず、誰も結婚にも行きつかない、と。それに、幻想や錯覚があるからこそ、恋愛からは素晴らしいものも生まれます。

それは事実だとしても、セクハラ恋愛では、上司や取引先として、指導教員として、会社や大学という組織から与えられた力が私的に濫用されているのです。意図的であろうがなかろうが、地位に付随した力を濫用することがセクハラなのです。組織がセクハラを問題とするのは、その濫用によって組織の目的や機能が妨げられるからです。それを無視して、どんな恋愛にも力関係があると一般化して済ませてしまおうとするのでは、責任ある社会人の取る態度とは言えないのではないでしょうか。

職場恋愛の三カ条

ここまでちょっと悲観的なことを述べてきましたが、現実には、仕事の場は、これからも恋愛が始まるところであり続けるでしょう。そこで本章の最後では、セクハラと受け取られることなくデートに誘う鉄則をご紹介しておきましょう。

一つ目は、**「仕事にかこつけて誘わない」**。初めてのデートに誘うのは照れ臭いものですから、ついつい、「あの案件の打ち合わせもしたいから……」などと仕事にかこつけて声をかけてしまいがちですが、それはNG。「断りたくても断れない」状況を作ってしまいます。

二つ目は、**「しつこく誘わずスマートに」**。今日はちょっと都合が悪くて……、ほかに約束があって……。「考えておきます」がビジネスでの断りの定番であるように、男性の誘いに「ノー」であっても、女性は何かと理由をつけて、誘った人の顔を立てようとするもの。それを真に受けて、連日「じゃ、今日はどう?」と誘い続けるのは、無神経。デートには応じたいが本当にその日都合が悪いのなら、向こうから「来週はどうでしょう」などと別の日程を提案してくれるはずです。そうでなければ見込みのない証拠、スマートにあきらめましょう。

そして三つ目は、「腹いせに仕返しをしない」こと。たしかに、こちらの好意に応えてくれないのは、気分がよくないもの。気まずくて、顔を合わせたくない気分になるかもしれません。だからといって職場で遠ざけたり、チームから外したりすれば、セクハラです。仕事は仕事、プライベートはプライベート。そういうときこそクールにふるまうのが、セクハラ防止のための現代のオフィスマナーだと言えるでしょう。

つまり、これらのルールをしっかりと守るならば、職場恋愛もできないと心配する必要はありません。職場は現代でも大事な出会いの場。職場の管理者・上司としてもこれらのルールに配慮してください。

◎本章のレッスン
男性が気付けない理由その5

中高年男性が「モテる」のは、地位と権力が九割がた。

中高年男性が若い女性に魅力的なのは、地位や経験のおかげ。引っ張ってくれる男性に女性は惹かれますが、その男性の有利さがいつまでも続くとは限りません。女性も経験を積んで対等な目線になったとき――それでも彼女に愛されている自信がなければ、若い女性と付き合うのは控えた方が安全。そのときはまた若い女に乗り換えればいい、などと考えているとすれば、それこそセクハラ赤信号です。

第六章　オフィスにセクハラの種はつきまじ

これまで、恋愛がらみのセクハラ、個人的な関係や身体接触が含まれるようなセクハラのケースを主に見てきました。多くの男性は、自分に限ってはその心配はないはず、と思われることでしょう（そう願いたいものです！）。油断は禁物ではありますが、たしかに、その種のセクハラトラブルに陥るケースは少数派。でも、だからといって安心はできません。というのも、現代の職場では、既婚未婚を問わず多くの女性たちが働くのが当たり前。そんな環境ではどんな男性も、性をめぐる行き違いやトラブルとは無縁でいられません。

本章では、現代のオフィスで誰もが遭遇しがちな種々のセクハラについて見ていきます。

目のやり場に困る

男性はスーツ姿一辺倒でも、女性たちはオフィスでもさまざまな装いを凝らします。女性社員は制服の職場でも、アフターファイブとなれば、制服姿とはまったく違う多彩なファッションに身を包みます。

そんなとき、とくに夏場、思いがけなく、女性社員たちの露出の多い服装にドッキリすることはありませんか。省エネが求められる昨今は、なおさらでしょう。広く開いた胸もと、ミニスカートから伸びた脚に、思わず目が引き寄せられてしまいます。これが通勤電車内の見知らぬ女性であれば「ラッキー」と言いたいところですが、なにせ相手は、同僚や部下。本人と思わず目が合ってしまい、じっと見ていた自分の視線のやり場に困ってしまいます。たしかに、ちょっとマズかったな、という感じではありますが、でも、いわば不可抗力。それなのに後で聞くところによると、「イヤらしい目で見るセクハラ部長」「あの課長には要注意」と、女性社員の間でささやかれているというではありませんか。あれくらいのことでセクハラ男扱いするなんてなんたる無礼な、「文句を言うくらいなら、そんな格好をしてくるな。ここは職場だぞ！」と叱ってやりたくなります。

エレベーター・アイ

思わず目が行っただけなのに、とんだ災難、と言いたいところですが、本当に「思わず目が行った」だけのことなら、実のところ、セクハラ扱いされることはありません。「イヤらしい視線」と受け止められるのにはやはり理由があります。相手がお辞儀をしているのをいいことに、その女性の胸もとを上からずっと覗き込んでいる男性。相手が気付いていないと思い込んで脚をじっと見つめている男性。こんなふうに「視線が一瞬行った」どころではない見つめ方をしていることがありがち。女性の身体をじっと見つめて上から下へ、下から上へと目線を動かすのは「エレベーター・アイ」といって、典型的なセクハラの一つです。

触るわけでもないのに何が悪い、見つめたからといって減るわけでもないのに、と思うとすれば、それこそセクハラ赤信号です。職場の女性たちは働く女性。ステージに立つ芸能人やモデルではないのですから、男性の目を楽しませるために職場に来ているのではありません。ときにはセクシーにも見えるような服を着ておしゃれをしているからといって、職場の男性を意識していると思うのは往々にして的外れ。

男性はよく、「いいカラダ」「イイ女」と思って注目してやってるのに何が悪いんだ、と言いますが、それは現代の働く女性についての理解不足。好意を持ってもいない男性から性的な受け止め方をされても迷惑なだけ。男性にとって「職場は戦場」であるように、いまどきの女性たちにとっても、職場は大事なサバイバルの場。プライベートな場面でセクシーと思ってもらえるのは嬉しくとも、職場であからさまに性的な関心の的になるのは、女性には侮辱でさえあります。キャリア志向ではない一般職の女性社員でも、バカにされているように感じるのは同じです。TPOの違いを察知できない男性はセクハラ男と陰口を叩かれても仕方ありません。

とはいえ、じゃあ女性の方を見ることもできない、そんな不自由な、などと過敏になる必要もありません。何気ない偶然の視線と、**「女」を値踏みするような視線。**その違いを、女性たちはしっかり見極めています。

ジョークがセクハラになるとき

何気ない言葉がセクハラになってしまう、うっかりプライベートなことを聞くのもアウトだというし、下ネタやジョークで楽しませるのもダメなんて窮屈この上なしだと、男性たちからは不満が漏れますが、実はそういった言葉は、品がないと呆れられるとしても、セクハラとして大問題になることはあまりありません。

気をつけなくてはいけないのは、冗談のつもりであれ、その言葉が女性一人だけに向けられてしまうとき。業種や部署によっては、職場に女性は一人しかいないということがあります。そういう環境で発せられる性的な言葉は、言っている男性はそのつもりでなくとも、その女性個人に向けられているように受け止められてしまいます。女性も、たった一人では、同僚の女性たちとあの課長の下ネタは耐えられないよね、と悪口で発散することもできず、鬱々《うつうつ》と苦痛を感じることになります。

男性の中には、同じスケベな話をしているのに、あいつはよくて俺ならダメ、ってのはなぜだ？　と不満を漏らす人がいますが、笑いで済ませてもらえるのはたいてい、下ネタであっても、誰かをターゲットにするのではなく、周囲を相手に自分をいじりのネタにして笑いを取っている人。自分のセックス自慢や周囲の女性をネタにするのでは、ジョークにはなりません。

それともう一つ、耐えられない言葉のセクハラとなりがちなのは、女性への攻撃手段として使われる性的な言葉。生意気な同僚女性や気に食わない女性上司に対して、面と向かっての文句や批判は言えないために、「仕事はできるかもしれないけど女としては終わってるよな」「偉そうにしてるけど子供を産んでない人生は失敗してるよね」と叩かれる陰口に、女性だからこその性的な要素やプライバシーにかかわるフレーズが出てきがちです。こういった攻撃は、女性同士でも、部下から上司へも、仕掛けられます。そしてこういう言葉は、仕事上のパフォーマンスや能力を批判されるのに比べ、よりいっそうその女性の人格を貶《おとし》めます。

日本初のセクハラ裁判となった福岡セクハラ訴訟は、この種のセクハラを問題とするものでした。仕事ができる同僚女性社員のことを、「遊び好き」「生活態度が乱れている」「男性たちとも付き合いが派手」などと、社内や取引先に触れまわった男性。判決は、これは単なる陰口を超えた働く権利の侵害、人格権の侵害だと認めました（職場での性的いやがらせと闘う裁判を支援する会『職場の「常識」が変わる――福岡セクシュアル・ハラスメント裁判』インパクト出版会、一九九二年）。

褒めてるのになんでセクハラ？

女性がイヤな思いをしているのに気付かないどころか、言った方は褒めたつもりなのに、不快、セクハラ、と反応されてびっくり、というのもよくあるパターンです。

スタイルがいいとかセクシーだとか、性的なことは要注意なのはわかるが、キレイだ、美人だと褒めたのにセクハラだと言われてしまった。お世辞まじりで言ってやったのに不愉快だなんて、よっぽどひねくれてるんじゃないのか……。

常識的に考えれば、キレイだと褒められて悪い気はしないはず、それなのになぜそれがセクハラになるのでしょう。

こんな場面を想像してみましょう。

社内での会議の場、局長が提案していたプランに、女性社員が反対意見を述べる。「そのアイディアでは、新しいターゲットを取り込むのは難しいんじゃないでしょうか。こういうアピールの仕方ではどうでしょうか？」。いやいやと反論も出たが、その女性社員は、さらにデータも出して主張を続け、次第にほかのメンバーも同調し出す。となると、提案者の局長は面白くありません。何といっても自分の提案は長い経験に裏打ちされているのに、この女性社員はそれがちっともわかっていない。自分の提案通りに簡単に終わるはずの会議がなかなか終わらなくて困ったものだ。そこで、「まぁまぁ、そうムキにならないで。そんな怖い顔してるとキレイな顔が台なしだよ。ハハハ、今日の会議はこれくらいにしておこう」。

こんな発言に、これってセクハラじゃないの？　と、女性社員は不快感を感じます。しかし局長は、「キレイ」と言ったのに、なぜ文句を言われるのか理解できません。

言葉の表面だけを取り出せば、「キレイな顔」という言葉は褒め言葉のよう。でも、言葉の発せられた文脈で考えるなら、局長の言葉には、女性社員の発言をさえぎり否定する意図、「どうせ若い女子社員の言うことなんて」といったニュアンスがそこにはあります。つまり、「キレイ」というのは、ここでは、働く人間としての彼女の存在を軽視する表現になってしまっているのです。そこに女性社員は不快感を抱きセクハラだと感じるのです。

女性の淹《い》れたお茶は美味《おい》しい

褒めてるつもりが逆効果、というセクハラは、男は仕事・女は家庭、という固定的な性別分業観を持っている人がやりがち。「女性の淹れてくれるお茶はやっぱり美味しいねぇ」などという「褒め言葉」はその典型です。

多くの男性たちには、女性に女性らしさを期待することが女性差別やセクハラになるとは想像の範囲外です。彼らは「女性の淹れたお茶は美味しい」と本気で考えているのであり、実際に美味しいと感じているのでしょう。その言葉は、性差別やセクハラにあたるどころか褒め言葉であり、女性を評価するもの、むしろ女性を女性として取り扱わない方が失礼にあたると思っているのです。

でも現代では、働く女性たちの多くが、自分の淹れるお茶の美味しさや「女らしさ」ではなく、仕事内容で評価されたいと思っています。「女らしい」と評価されることは、職場ではしばしば、職業人としての評価の低さにもつながってしまうことを彼女たちは敏感に感じています。褒めているのになぜセクハラなのかと怒る前にそのことを知っておいてください。

とはいえ、さらに難しいのは、女らしさを期待されたり強要されたりするのは性差別、セクハラだと考える女性がいる一方、そうは考えない女性もたくさんいるということです。世代にもよりますが、男女を問わず、「男は男らしく、女は女らしく」あるべきと考える人は今も多くいます。そうした女性たちは、女性として扱われないのは失礼だと思うことでしょう。

ですから現代の男性たちが困惑させられるのも無理はないところもあります。同じ女性でも、人によっては女らしさを褒めないと失礼で、そうでない人には女らしさを褒めるとセクハラになる。まったくもって難しいところです。

この状況は、現代社会での性別役割規範の変化から生まれているもので、個人的なワガママや気まぐれのせいというわけではありません。ですからあらゆる場面、あらゆる人に対してこれでOKという処方箋《しょほうせん》はありませんが、少なくとも、職場や教育の場では、固定的な女性らしさを期待するのは、問題になりかねないことを知っておいた方が無難です。

部下が妊娠――セクハラ度チェックのリトマス紙

　現代の職場でセクハラとして起こりがちなものの典型が、女性社員の妊娠や出産にまつわることがら。結婚や出産をすれば寿退職が通例だった昔とは違って、子供を産んでも働き続ける女性は今では少なくありません。でも、妊娠となると、すぐにセックスと結び付けた趣味の悪い「ジョーク」を飛ばしたがるオヤジもまいますし、さまざまな身体的な配慮も必要ですから、セクハラを生みがちなのです。

　女性社員が妊娠したとなれば、無理をさせるのは禁物ですし、産休や育休のための人員手配も必要です。それは現代の管理職の責務の一つですが、でも、妊娠出産はきわめてプライベートなことでもありますから、上司や同僚の不用意な発言や態度が、女性にとっては不快なセクハラとなることもありがちです。「残業ばっかりしてたけどダンナとちゃんとやってたんだな」などというのは論外ですが（特定の女性をターゲットにした言葉はジョークにならないというのは先に述べた通りです）、子供を産んで働き続ける女性たちが感じているリアルな気持ちはあまり知られておらず（つまり、それだけ、ガマンしながら口をつぐんで働き続けているのです）、知っておいていただきたいことがたくさんあります。

とくに、寿退職が当たり前の時代が長かった年配の男性にとっては、大きなお腹《なか》の女性がオフィスにいること自体に違和感を覚えたり、妊婦であることに過剰に反応したりもします。女性は、そうした男性たちの態度を、男性が思っている以上に、鋭くキャッチします。

働く女性が増え続ける限り、妊娠出産をする女性も増え続けるのは理の当然。同僚や部下の妊娠にどう対応し、いいオフィスの環境を作っていけるかは、現代の男性にとってセクハラ度を測る試金石、リトマス紙だと言ってもいいかもしれません。

いつ誰に妊娠を告げるか

働く女性にとって、手放しで妊娠を喜べる場合ばかりではありません。いずれは子供がほしいと思っていたとしても、「今のタイミングではまずい……」と悩むこともありがち。ましてや予定外の場合には喜ぶどころか、「困った……」とガックリ、ということも多いのです。それに安定期に入るまでは、あまりおおっぴらにはしたくないと思うのが通例ですから、妊娠したからといって、すぐに職場の人々に知らせるのではなく、周囲の反応や仕事上の都合をあれこれと考え、もっともよいタイミングで、と考えているもの。

その中で、つわりやら検診での病院通いやらがありますから、事情を理解してくれそうな人、どうしても耳に入れておかないといけない人にちょっとずつ伝えていきます。それなのに、そんな苦労も知らず、「○○さん、妊娠したんだって」と触れまわられてイヤな思いをするケースには事欠きません。オフィスのホットニュースだとばかりに軽い気持ちで話を広めてしまうのも問題ですが、「本人のためを思って」であっても、当人からすれば、心外なことも多いのです。

また、妊娠を知ったとたんに、育休の間の人員配置をしなくては、赤ちゃんがいるのでは復帰後はこの部署では無理だろうと、当人の気持ちや予定も聞かないままに、先走って余計な「配慮」をしてしまうのも問題。上司や管理職として、早めに段取りをつけなくては、と気を利かせているつもりかもしれませんが、本人は妊娠の事実すらまだ皆に知らせていないというのに、そんなふうに会社中に触れまわられてしまうのは、はっきり言って、セクハラです。本人の意思を聞くこともなく、「子育てとの両立は大変だろうから、仕事の軽い部署に」などと勝手に「配慮」して配置転換するのでは、妊娠を理由に仕事を取り上げることになってしまいます。

残念なことに日本では、「女性社員は妊娠したら育児休業を取得せず、退職してほしい」という企業が今も少なくありません。そうした企業に比べれば、育休後は両立しやすい部署にと考えてあげるのは、ずいぶんマシではありますが、いまどきのカップルでは、男性が育休を取るケースだってあるのですから、「産んだら母親として子育てを優先したいはず」と思い込むのは禁物です。せっかくの配慮が、本人の意に反したハラスメントにならないように、男性に限らず、女性の上司もとくに気をつけていただきたいことです。現代の働く女性たちは、妊娠したからといってまるでパンダのように注目されたりむやみに「特別扱い」されるのを望んではいません。

お腹を触らせて

女性の妊娠を知ると、すぐにセックスと結び付けたことを言いたがるセクハラ男性がいる一方、どうも日本の文化では、妊婦の身体にはプライバシーがないかのように錯覚してしまう傾向もあるようで、出産経験のある働く女性たちが経験したセクハラとしてよく挙がるのが、妊娠中のお腹を触らせてと職場で誰かれなく触られた、というもの。触る方からすれば、もうすぐ産まれてくる赤ちゃんにちょっと挨拶《あいさつ》、というつもりかもしれませんが、そのお腹は女性のとてもプライベートな部分。家族や親しい女友達なら別ですが、職場の同僚や上司にそんなプライバシーはさらしたくありません。相手には何の悪気もないどころか、親しみを持ってくれているからだとわかっているだけに、イヤとは言えなかったけれども、なんとなく気持ち悪かった、あれってセクハラじゃない？　と経験者は言います。

妊娠というだけで、こんなにセクハラのタネがあるのかと、驚く（ウンザリする？）男性もいるでしょう。出産して働き続ける女性がまだ少数派である現在では、オフィスに妊婦さんがいること、部下や同僚が妊婦であることに慣れていないのも、やむを得ないところです。でも、時代はどんどん変わっています。未婚シングルマザーの妊婦さんだってこれから増えてくるでしょう。少子高齢化に悩む日本社会の将来のためにも、妊婦さんが普通に働けない会社には未来はありません。

◎本章のレッスン

男性が気付けない理由その6

露出の多いファッションは誰のため？　職場の男性のためではありません。

ファッションは女性の自己表現。「オレにアピールしてるの？」と思うのはカン違い。女性の身体をじっと見つめる「エレベーター・アイ」はオフィスでは禁じ手です。

第七章　周囲の方々、担当者へ

ありがちな反応——かばう男性たち

「相手の方が熱を上げてたらしいよ」

「あの処分は行きすぎだって部内でも評判らしい」

「処分を決めたのがお堅い人事部長で、不運だったたな」

「部内で足を引っ張られたんだな」

「セクハラなんてもんじゃないよな、あれは。相手が悪かったたってことだろう」


「セクシュアル・ハラスメントで処分」「不適切な関係があったと認め処分」——セクハラがらみの処分や人事異動があると、周囲の男性たちからはしばしばこんな反応が起こります。乱暴な一般化は禁物ですが、セクハラ事件を耳にしたときの女性と男性の反応は概して大きく違います。女性は、自分や周囲の体験に引きつけて、さもありなんと腹を立てますが、男性は違います。あいつがそんなことをするわけはない、あの人がまさか、と当事者のハラッサーを直接に知っていようがいまいが、ハラッサーとされた人をかばおうとします。男性には珍しくいわゆる女性問題に理解のあるはずの人でも、セクハラに関しては、「何か事情があるに違いない」と、ハラッサー男性に対してははなはだ「寛容」な態度を示すのに驚かされたことは、私自身、一度や二度ではありません。

そうした男性の「寛容さ」は、どこから来るのでしょうか。一つには、ここまで見てきたように、セクハラについてのリアリティが欠けていて、セクハラとは悪辣でわいせつまがいのことと思っているために、まさかそんなことを自分の友人や知り合いがするわけがない、という思い込みから来る反応でしょう。

それに、セクハラとは地位の上下関係を利用して起こるものですから、ハラッサーの側にはそれなりの力、地位があります。課長・部長などの役職のつかない平社員であっても、派遣社員や契約社員と比べれば力があります。ですから周囲の男性からしてみれば、どちらの味方をする方が自分のトクになるかは、一目瞭然《りょうぜん》。事実関係がはっきりとはわからない以上、いえ、男性の側に非があるとわかっていても、女性の肩を持ってもムダ、力のある男性の味方をしておこう、というのが、サラリーマン処世術のイロハなのでしょう。

女性では、被害女性と一緒にセクハラに怒りハラッサーを非難する場合が男性よりはるかに多いですが、それは、女性として被害者の気持ちがよく汲《く》み取れるからという単純な理由だけではなく、もともとほとんどの女性は組織の中で出世することなど想定外ですから、上司に取り入る意味もないからでしょう。その証拠には、管理職女性やマスメディアで活躍する女性の中には、「女性に隙《すき》がある」とセクハラ被害者を責める人は少なくありません。

さらに、「ひとごとではない」という気持ちが男性たちにはあるのではないでしょうか。既婚者であっても、自分の周囲の職場の女性や学生に、惹かれた経験はありがち。幸か不幸か、自分はその女性と何もなかったけれども、もし相手が積極的だったならば、関係を持っていたかも、そうしたら後でセクハラと訴えられ同じ目に遭っていたかも……そんな「明日はわが身」意識が、ハラッサーをかばいたい気持ちを生むのでしょう。本書で述べてきたように、実際にはセクハラは単に恋愛のもつれではないのですが。

男性たちがハラッサーをかばいがちで、セクハラ被害を矮小化《わいしょうか》しがちなことには、穿《うが》って言えば、もう少し別の意味もありそうです。男性にとって、レイプや痴漢などの犯罪は別として、部下の女性と性的関係を持っていた、指導する女子学生と深い交際をしていた、というのは、一面では、「男の甲斐性《かいしょう》」を誇示されているようにも思えるのではないでしょうか。同じような年齢・地位の自分にはない男性的魅力があの男にはあったということかと、軽い嫉妬《しっと》心さえ起こります。その男性は、セクハラしたと訴えられているのですからリクツで考えれば羨《うらや》ましいとは程遠い状況ではありますが、セクハラなんてけしからんと公言するのは、自分がまじめ一方のモテない男だと認めるようなもの。そんな心理が男性には働くのではないでしょうか。

また、男性が男性同士で見せている顔と、女性に対して、とりわけ目下の若い女性たちに見せる顔や態度は違います。相手によって見せる顔が異なるのは、老若男女、誰にでもあることで、それ自体、悪いことでも何でもないですが、世間で立派な人格者と見られている人がセクハラをするのは珍しくもありません。一般の男性であっても、「ささやか」ではあれ、部下の女性や派遣社員の女性、指導学生には、ふるえる力があるのですから、男性同士で見せている顔とはだいぶ違う表情をそれらの女性たちには見せているのです。目上の男性や同僚・同輩の仲間にとっては、その男性の「地位と力」など、ピンと来ないのはわかりますが、セクハラをしたと聞いたときに、「まさかあいつが」と単純に否定するのはやめておきましょう。

事実を捻じ曲げる「寛容」

理由は何であれ、男性たちのセクハラやハラッサーへの寛容は、事実を捻じ曲げていきます。

恋愛がらみのセクハラではとくに、詳しい事情は周囲の誰も知らないはずのケースでも、「まさかあの人がそんなことをするわけがない」「誰かに足を引っ張られたんだろう」などと、根拠もなく誰かが漏らした言葉や感想が、周りに伝わるうちに憶測を広げ、噂が噂を呼んでいきます。そして、「褒められたことではなかったがハラスメントとも言えない恋愛沙汰だった、しかし体面を重んじる組織によって運悪くも処分された」「派閥争いに巻き込まれてセクハラをでっちあげられた」というような「ストーリー」が作られていきます。

こうしたストーリーを、処分に納得できないハラッサー本人が周囲に積極的に触れまわることはよくあります。責任逃れの強弁という場合もありますが、本書で詳しく述べているように、本人は自分のしたことがらの本質を理解できておらず、固くそう信じている場合もあります。

さらにありがちなのは、ハラッサーに近い人々がこうしたストーリーを積極的に語ったり流したりすることです。ハラッサーと親しく身近な人は、ハラッサー本人が対外的には口をつぐんでいるとしても、彼から直接、どのようなことがあったのか、いかに会社や組織の処分が不当かという話を聞いています。当然のことながら**ハラッサー本人は、言いたくない部分は伏せて話をする**ものですから、その話のバージョンは、とても彼に都合のいい内容になっています。ハラッサーから話を聞く人は、彼から信頼された親しい友人、利害をともにする関係にある人ですから（そうでなければハラッサーはその人には話しません）、ハラッサーの言葉を全面的に信じ、ハラッサーはまったく「潔白」な冤罪の犠牲者、というストーリーができあがっていきます。ハラッサーの妻が典型的な例で、夫がセクハラをしたということを認めたくない妻にとっては、相手の女性が被害者どころか、とんでもないウソつきで、夫は陥れられた犠牲者、というストーリーを信じる方が心理的にはるかにラクです。妻以外にも、仕事上の利害をともにしている人も、ハラッサーの「無実」「冤罪」ストーリーに食いつき、それを周りに広げていきます。

言ってみれば「美味しいところ」だけを取ってできたそうしたストーリーは、よくよく聞けば矛盾だらけでツッコミどころ満載なのですが、「男性がセクハラで陥れられた」たぐいのストーリーは受けがよく、断片的なかたちで興味本位の噂話やネットを通じて広がっていきます。多少名の知れた人が当事者だと、週刊誌ネタにすらなります。しかも、そのストーリーは、ハラッサー自身が意図したよりも歪曲《わいきょく》され相手の女性や処分を下した組織を貶めるような話になっています。ですから、ときにはそれが相手の女性への「二次加害」を引き起こしてハラッサーの立場をさらに悪化させる場合もあるほどです。

こうして再構成された、もっともらしいストーリーのために、冒頭に挙げたような感想が生まれるのですが、でもこんなストーリーを鵜呑《うの》みにするのは禁物です。

周囲の責任——二次加害に加担しない

そうした噂や評判を耳にしたとき、とくに職場で責任ある立場にいる男性は要注意です。訳知り顔にこんなストーリーを鵜呑みにし、ものわかりのいいような顔をしているのでは、無責任。そんなストーリーが蔓延《まんえん》して、会社の行った調査結果はいい加減だった、処分は不当であったなどの話が定着していけば、企業や大学の信用にかかわります。相手の女性にしても、苦労の末にやっと問題解決したはずだったのに、事件がまた振り出しに戻るようなものです。せっかく立ち直ろうと頑張っていたのに、さらに打ちのめされて回復はおぼつかなくなります。その女性にとってそれは「二次被害」となり、噂やストーリーの蔓延に手を貸した人は、もともとのハラスメント事件には無関係であっても、二次的なセクハラ加害者になってしまいます。

「あれはハラスメントなんかじゃない」「ただの不倫のもつれだろう」——そんな言葉は、おひれがついて、周囲の人々の間に、興味本位に伝わっていくもの。ただのあて推量であるにもかかわらず、信憑性《しんぴょうせい》があるかのように、組織内外のいろいろな立場の人々にまことしやかに伝わっていきます。それは、被害を訴えた女性を再び苦しめるだけでなく、組織の判断・処置の正当性を疑わせることにもなります。とくに職場で責任ある立場にある男性には、気をつけていただきたいことです。

相談されたらどうする

無責任にセクハラに寛容にならないというだけでなく、周囲の方には、セクハラで困っている女性にできる限りの手助けをしていただきたいものです。女性がセクハラをされたと苦情を言っているとしても、それは必ずしも相手の男性をクビにしてほしいなどと厳しく責任を問うているとは限りません。誠実に謝罪してくれれば納得する、二度と繰り返されなければそれでいいと、男性の将来を損なうようなことはしたくないと望む女性は多くいます。

上司たるもの、そこをしっかり汲み取らねばなりません。さもなければ、おおごとになってしまうのに手を貸して、当事者が予想もしなかった重い処分になってしまうことはありがちです。

第二章でもいくつか例を紹介しましたが、最近の事件でまさにこれを地で行ったのが二〇一〇年七月に札幌地裁で判決が下された自衛官セクハラ事件でした。

これは二〇〇六年、当時二〇歳の女性自衛官が、基地で同僚男性から性的暴行を受け、しかも女性から相談を受けた男性幹部から、退職を強要されたもの。地裁は、性被害そのもの以上に、その後の組織の対応のまずさを認め、女性への慰謝料五〇〇万円（ほかに弁護士費用として八〇万円）を支払うよう命じましたが、性暴力に二〇〇万円、その後の保護・対応の不作為に三〇〇万円という内訳を示しています。被害者の女性は、少なくとも加害者を異動させて、自分はそのまま仕事が続けられるようにしてほしい、と上司に必死に頼んでいました。それにもかかわらず、自衛隊には女は要らないと、女性の方が退職を迫られ、やむなく裁判に至ったのです。女性にとっても、男性にとっても、まことに遺憾なことでした。

この事件は自衛隊という「男の世界」でのことですが、一般の企業であれ、会社は男性を無条件に優位に置き、女性の訴えには耳を貸さないということがありがち。でも、セクハラを訴える女性の多くは、相手をクビにしてほしいとか多額の賠償金を払ってほしいなどの難しい要求をしているのではなく、謝ってほしい、二度と起こらないようにしてほしい、自分が働き続けられるようサポートしてほしいと、上司ならそれほど実現困難ではないことを求めているものです。それを無視して一方的にハラッサー男性をかばうと、逆効果を招きおおごとの事件になってしまうこと、それは自分の管理責任に直結することを男性には知っておいてほしいものです。

セクハラ相談は聞きづらいもの

人事の権限を持つ上司だけではなく、同僚や友人であっても、セクハラで困っていると女性から相談されたら、話に耳を傾けてあげるのは大事なこと。

でも、セクハラの相談というのは、聞きづらいもの。相談する方も話しづらいのですが、聞く方も、よく知っている者の口から性にかかわることを聞かなければならないのですから、きまりが悪く、耳をふさぎたいような思いにさえなります。そのため、自分に相談しないでほしいという気持ちになり、「ウチの社では人事課で相談を聞いてるはず、そこに行ってはどうか」「相談窓口があるんだから、そこに行け」などと言ってしまったりします。

でも、相談している女性の立場になれば、仕事上の悪影響が出て、「プライベート」なことの境界をすでに超えているから、相談しているのです。話しづらいことではあるけれど、解決の力を持っていると思える人に、相談しているのです。相手の男性に影響を与えられる立場であるからこそなのです。それなのに「自分は知らない」というのでは、相談した女性があまりに気の毒。組織内の専門部署の力も借りながら、問題解決に協力してあげたいものです。

上司まで処分されることも

セクハラの相談に対応を怠った、うまく対応できなかった、という理由で上司が処分されるケースも出てきていますので、一つご紹介しましょう。二〇〇八年度の国家公務員の処分事例です。

事件の内容は、加害男性G氏が、半年あまりの期間にわたって、女性非常勤職員に性的な内容や脅しと思われるメールを送り続け、事務室で椅子《いす》に座っていたその女性を後ろから突き飛ばした、というもの。この男性は、三カ月の懲戒停職処分を受けましたが、被害女性から相談を受けていた所属課長も、管理監督者として適切に対処しなかったことを理由として懲戒戒告処分を受けています。

この上司、相談を受け、無視していたわけではなかったのです。加害者G氏に注意をした、ということです。でも、現実問題、G氏の行動は止まらなかったのですから、何の効き目もなかったということ。管理者として、それでは責任を果たしたとは言えません。そこから、処分となったものです。

これは想像にすぎませんが、おそらくこの上司は、そこまで事態をきちんと受け止めていなかったのではないでしょうか。どうせ非常勤職員だから、そのうちいなくなるとタカをくっていたのかもしれません。

この事例は、それでは現代の上司は勤まらないことを教えているのではないでしょうか。上司としての責任ある対応が求められるところです。

他方、相談をされた場合、本人の気持ちを無視した余計なことをしないことも大事です。周囲に余計なことをされて、問題が深刻化するケースもあるのです。もっとも多いパターンは、**「勝手に正義感」**。

相談を受けて、任せなさいとばかりに、名指された相手方に勝手に忠告。話をした本人は、愚痴を言って気晴らしをしたかっただけ、しばらく様子を見て自分で何とかしようと思っていただけ、という場合も往々にしてあります。話の流れからちょっと大げさに言った部分もあるかもしれません。それなのに、当人の同意もなくそんな勝手なことをされては、ぶち壊しです。相手も、本人から直接に言われるのでなく、第三者から注意を受けるのでは、「周囲に触れまわってメンツをつぶされた」と怒り出し、相談をした当人に迷惑になってしまう可能性もあります。あくまで当事者の希望に沿うことです。

もちろん、第三者が仲介者として頼りにされ、助けになってあげられる場合もあります。当事者が「自分ではうまく言えないから」と望むなら、代わってその女性の気持ちを仲介し、彼女が困っていること、彼女にはその気はないことを伝えてあげましょう。その際は、相手はただ気付いていなかっただけ、という可能性もありますから、メンツを傷つけることのないよう配慮しながらも、彼女が何をイヤだと思っているのか、何を問題としているのかをはっきり理解してもらうことが大事です。

周囲の無理解が、事態をより悪化させることはありがち。本人が蒔《ま》いた種とはいえ、組織がもっとうまく動いていれば……、と思わされるケースは珍しくないのです。

冤罪はあり得ないか

本章では、セクハラ処分には、傍からはわからない事実関係があること、だから「重すぎる処分」「冤罪では」などと軽々に言うべきではないことを述べてきました。でも、それならセクハラ処分には、本当に冤罪がないと言えるのか、痴漢とされ逮捕された男性が「自分はやっていない」と粘り強く闘い続け、無実を勝ち取ったケースもあれば、死刑や無期懲役などの重い判決を下されながらも、長い闘いの中で無実が証明され冤罪だったとわかるケースもあるのに、セクハラに冤罪がないなどとなぜ言えるのか、と、疑問が残るかもしれません。

しかし、痴漢や殺人などの犯罪で生じる「冤罪」と、セクハラで言われる「冤罪」とは、大きく性格が異なります。痴漢なら触ったか触ってないか、殺人なら殺したか殺していないか、一瞬・一時の行為の事実が問われ、誤った判断をされるのが冤罪です。

でもセクハラの場合、短時間に起こった一度の特定の行為について、その事実があったかなかったかということが致命的な決定因になることはあまりありません。数カ月、場合によっては何年もの継続した期間の中で、どのようなことが起こりどのような被害が生じているのかが問われます。一点についてだけ事実が争われるのではなく、長い期間の中で積み重なったいくつもの事実について、総合的に判断がなされます。その中に、誤りがまったく含まれないとは言い切れないでしょうが、総合的な判断を歪《ゆが》ませるくらいに誤りばかりということも考えにくいものです。裁判になったケースを見ても、ほとんどすべて、何年にもおよぶ被害について訴えるもので、裁判所はその長い過程を通しての総合的判断をしています。

さらに重要なことは、「セクハラしたなどというのは事実無根」「処分は誤っている」と、ハラッサーがセクハラの「冤罪」を訴えている場合、それはしばしば、事実があったかなかったか、何があったのか、といったことを問題にしているのではなく、そのことを**どう評価するか**にかかわっています。典型的には、性関係があったということには対立はないが、それが不適切だったかどうかを評価するという点で組織が下した判断が間違っている、というわけです。女性の方が積極的だった、合意があった、だからその性関係は不適切とは言えずセクハラではあり得ない、というハラッサー側の評価と、組織が下した「社員として／教員として、不適切なものだった」という評価が対立しているのです。

ハラッサー本人と組織とで評価が異なるのは、不思議でも何でもありません。組織は、企業にしろ大学にしろ、組織特有の目的に従って機能しており、本書でこれまで述べてきたような、セクハラによって生じうる組織へのマイナス評価や同じく組織の一員である相手の女性への責任も当然考慮して、判断を下しているのです。その判断は、当然ながら、ハラッサー本人の判断よりも、厳しいものになるでしょうが、それを「冤罪」と言うのは言葉の誤用でしょう。

組織が下す判断には、組織によって幅があるでしょうし、同じ組織でもケースによってブレや揺れもあるでしょう。そのために「この程度のことなら目をつぶる会社だってあるのになぜうちでは」「あのときは不問に付されていたのになぜ俺のときだけ」というように、処分が恣意《しい》的に見える面もあると思います。しかし、企業のカラーや業種によってどのような基準を設けるかは違うでしょうし、教育機関がとくに厳しい基準を設けるのも当然です。それに一般論として、セクハラ問題への社会的理解の進行によって、徐々に厳正な対応が取られるようになっています。そうした論理や社会的背景を無視して「冤罪」だと騒ぐのは、かえってセクハラ問題への無理解ぶりをさらすことになりかねません。

◎本章のレッスン
男性が気付けない理由その7

会社には会社の判断基準がある。

「真っ黒」なものだけがセクハラというわけではありません。強制わいせつにもあたるような犯罪もどきのことをしていなければＯＫというのでは、会社の品位が疑われます。真っ黒ではない、灰色だとしても、きちんと対処していくのが、今後のセクハラ防止に役立ちます。

終章　後で訴えられないために

――訴えられたらどうするか

認めるべきか認めざるべきか、謝るべきか謝らざるべきか

ここまで、どうすればセクハラだと訴えられるのを防げるか、そんな日に遭わないためにはどうすればいいかと、七章にわたってレッスンを重ねてきました。でも、そんな予防策はもう手遅れ、という場合もあるでしょう。本書の最後では、とりわけ恋愛がらみのセクハラで訴えられた場合に備えての具体的・実践的なアドバイスをお伝えしておきます。当事者とならないまでも、上司・友人として、お役に立ててください。

まずは、セクハラしたと言われて、それを認めるべきか認めざるべきか。

はっきり言って、謝るのが妥当な選択です。本書をここまでお読みになった読者にはおわかりのように、ことの軽重はありますが、謝ったからといって、自分のしたことを認めたからといって、必ずおおごとの事件になって犯罪者・加害者扱いされるというわけではありません。むしろ、「自分は悪くない」「ノーとはっきり言わなかったから合意だった」と開き直る態度が、相手の女性の怒りを買い、仕事や学業が続けられなくなるという絶望

感に女性を陥れて、被害感情を大きく増幅させるのです。自分はそんなつもりではなかったのに相手の気持ちを誤解してそのようなことをしてしまって申し訳ない、今後はそのようなことは繰り返さない、と誠実に謝罪するのが一番です。

多くの男性たちは、そんなことを認めたり謝ったりしたら、どこまで罪に問われたりおカネを要求されたりするかわからない、だから、まったく認めないのが得策だと思ってしまうようです。でもセクハラでは、相手は、部下だったり同僚だったり、指導学生だったり、仕事上の付き合いのある女性。もともと、男性と協力関係にあったりお世話になっていたりしている人たちです。誠実な気持ちがまったく通じない、ということはよほどひどいことをした場合を除いて、あまりないのではないでしょうか。

理由もわからず謝るのは逆効果

でも気をつけていただきたいのは、「それならとにかく頭を下げておけばいいんだろう」と言わんばかりの態度。内心では「オレをセクハラで訴えやがって」と相手の女性への怒り満々なのに、口先だけで謝るというのでは逆効果。そういう表面的な謝罪は、女性がもっとも嫌うところです。

自分が何を誤解していたのか、相手の女性は何を不快に感じたり怒ったりしているのかを、十分理解した上で、謝ってください。本書で縷々述べてきたように、ビルトインされた鈍感さのために、女性の怒りや戸惑いが男性にはなかなかピンと来ませんから、周囲の人の助言やアドバイスを受ける必要もあるでしょう。

それでもおそらく、ハラッサーの多くは、心から悪かったとは思えないでしょう。昔はよかった、そこまで気を使わないといけないのか、女がなんと身勝手になったことかと、拭《ぬぐ》い去れない不満が残るでしょうが、そこは、現代の職場事情は変わったのだ、と納得するしかありません。そしてそうした変化は、男性に損ばかり強いているのではないことに思い至ってください。年配の男性には思いもつかないような、女性の視点から開発された商品が自分の会社でヒット商品になったことはありませんか？　そもそも、女性ユーザーが大事な顧客層ではないですか？　それに、そのように社会と職場が変わっていった方が、ご自身の娘さんや将来のお孫さんの活躍の機会が増えると思えば、楽しみではないですか？

それからもちろん大事なのは、**懲りずに繰り返さないこと**。いくら心から謝ったとしても、懲りずにまた繰り返すのでは、誠実も何も意味ありません。残念ながら、ハラッサーはしばしばハラスメント行為を繰り返すもの。自身の行動パターンを自己点検してください。

付き合うべきか付き合わざるべきか

今、自分の部下や自分の監督下にある派遣社員や指導学生に好意を持ち、アプローチしようかと思っている男性もおられることでしょう。つまらないことを言うようですが私は、「ちょっといいな」「一度誘ってみたい」くらいなら、やめておくようおすすめします。本書でおわかりいただいたように、そうした関係にある女性との交際は、互いに好感を抱いていて当初はうまくいくように思えたとしても、リスキーです。本書は「不倫」はよくない、という道徳的観点は持っていませんが、既婚者ならなおさらです。

そんな軽い気持ちではない、真剣に交際したい、と思っているなら、しばらく待つことはできませんか。女性が派遣や契約の期間が終わってあなたの監督権限の外に出るまで、卒業や修了してあなたの指導学生でなくなるまで待ち、その後でアプローチしましょう。本当に真剣な気持ちなら、それくらい待てるのでは。

もし待てないなら、それは、自分の監督下を離れて他社で働くようになった後でアプローチしても仕方がないと思うからではないかと自問してください。もしそうなら、それはまさしく、上司・監督者としての力を利用してその女性に接近しようとしているということ。セクハラと責められるおそれは十二分にあります。自分の仕事上の力を直接にふるって女性と交際しようなどという考えは**セクハラ注意報**であることをよくよく知っておいてください。

それでもやっぱり……、という方には、一四三ページの「職場恋愛の三カ条」を遵守されるよう、おすすめしておきます。

結婚すればＯＫ？

相手が部下であろうが指導学生であろうが、「責任」を取ればいいんだろう、と思われるかもしれません。トラブルになりかけたら、セクハラと訴えられる前に「結婚」という切り札を使えばいいのだ、と。

実際、筆者の知る業界の大物で、結婚と離婚を何度も繰り返していて、二人目以降は全部教え子、という先生もおられます。なんともご苦労なことと思いますが、不倫の関係が破綻するとセクハラに転じがちなことは事実。それを避けるには、トラブルが切迫する前に結婚してしまうというのも手だということでしょう。でもこれは、経済的にも精神的にもタフでないとできないワザ。現在の妻にうまく別れてもらえる力量も必要なのですから、ほとんど超人的です。

それに近ごろは、「結婚して責任を取る」やり方は、通用するかどうか、あやしくなってきました。最近の女性にとって、結婚は人生のゴールではありません。女性が後でセクハラだと訴えるとき、それは男性が妨害したキャリアや学業の道を取り戻すことを求めているのであって、「結婚」でごまかせるとは思えません。右に紹介した大物氏は、すでに九〇歳近い高齢者。彼の生きた時代が許した産物でしょう。

今恋愛中、どうすれば？

今、そんな「要注意」の相手と恋愛中。まだ痴話喧嘩の域だとは思うが、近ごろぎくしゃくすることもあって、別れが近いかも……。後でセクハラだと訴えられないようにするにはどうしたら？

自分に限ってはまさか、と思う男性も、以下に思い当たることはありませんか？まず、自分との交際で相手の女性は、キャリアや学業上で不利になっていませんか？付き合っていたためにあきらめた仕事上のチャンス、思い通りにならなかった業績はないでしょうか？　注意すべきは、男性側の基準で考えないこと。男性は、相手の女性に比べ、仕事の能力も上なら、経験も豊富。男性にとっては、取るに足らないことも女性にとってみれば違います。「そんなのやめとけよ」と何気なく言ったことでも、彼女の心には、大きなチャンスだったのに男性のために失ってしまった、と記憶されていることが十分あり得ます。

それから、交際前の時点と比べ、女性の仕事上の地位や立場は悪くなっていませんか？交際を始めたときは正社員だったのに今は派遣で働いていて不安定な立場、フレッシュな大学院生だったが今は先の見えない高学歴ワーキングプアなどということはありませんか？　そうだとしたら、かなりの危険信号です。

その変化は自分のせいじゃない、と男性は考えるでしょう。彼女に「実力」があれば違っていただろう、そこまで自分のせいにされちゃたまらない、と。

でも多くの場合、女性を口説き落とそうとするときは、相手の仕事の能力やセンスを褒めてアプローチするもの。ラブラブの恋愛期間中はなおさらです。男性は、君には見込みがあると女性を持ち上げ、女性は尊敬する上司・教師からそう言われて嬉しくて、関係が深まっていったのではないですか？

そういう褒め言葉は、ありていに言えば、心にもない口説き文句だったかもしれませんし、「惚《ほ》れた弱み」「あばたもえくぼ」で、男性がそう思い込んでいた時期もあったというだけのことかもしれません。でも、交際が終わろうとしている今、恵まれない状況にある彼女に、自分がかつて発した言葉をまったく忘れて、本人の実力がなかったからだ、オレのせいじゃない、で片付けるのは、いかがなものでしょうか。そういう態度が、相手の女性に被害感情を抱かせて、セクハラになるのです。

彼女の人生を応援する

交際が破綻する、気持ちが変わる、というのは、どんな交際にもつきもの。それ自体が悪いわけではありません。でも、相手が自分の部下や監督下の女性、指導学生の場合なら、通常以上に、誠実さと配慮が必要です。

そういう相手と、別れようとしているなら、今はそうではなくともいずれ別れることになりそうなら、自分との交際のおかげで彼女のキャリアや人生設計がマイナスになった点はないか、女性目線でしっかりとチェックしましょう。もし思い当たることがあるのなら、誠実に謝罪しましょう。そして、彼女のこれからの人生がうまく進むよう、応援しましょう。

そうしたくとも立場上できない、自分の力では無理……、そんな答えが返ってきそうです。でも、本当にそうでしょうか？　付き合っている間は、彼女との関係を妻や家族にはもちろんのこと、周囲に知られないよう、相当の無理と努力を重ねていたはず。自分の気持ちが熱いときには無理もなんのそのだったのに、気持ちが冷めてしまった今となってはすっかり冷淡になって「無理」と言っているだけでは？　彼女の人生のためにしてあげられることはあるのに、面倒になっているのでは？

結果として彼女の望む一〇〇パーセントが実現できないとしても、彼女の人生設計を責任を持って応援してやりたいという誠実さが伝われば、彼女にとって男性との交際が悔いや怒りになることはないでしょう。ましてや、セクハラだったと感じることはないはずです。

そして今、交際を解消し、別れようとしているのが、新しい交際相手のためなら、これは本当に赤信号点滅の要注意。交際相手を「乗り換える」のは、一般的に悪いとは言えないでしょうし、実際よくあることですが、今の交際相手が、部下や指導学生で、次の相手も同じような立場の女性なら、これは、女性の怒りを買うことは必至です。実際、セクハラ裁判では、女性が「自分と同じようなことがまた繰り返されるのは耐えられない」と訴えている例はよくあります。

新しい相手にすっかり夢中になっていると、そんな女性の態度は、「捨てられた恨み」「乗り換えられた腹いせ」にしか見えないことでしょう。今となっては彼女のことなどどうでもいい、うっとうしくないようにさっさと消えてほしい、それがホンネでしょう。でも、本書で縷々述べてきたように、自分が監督・指導の責任を負っている部下や学生に「手を出し」付き合ってきたのは、自分の職業上の力を濫用してきたこと。**その代償は高いのです。**上下関係、力関係を利用してきた男性の側が、恋愛が終わって別れるだけ、何が悪い、と片付けてしまうのでは、赤信号の点滅はいよいよ激しくなってきます。言ってもムダかもしれませんが、「セクハラで訴えられない」ためだけにも、誠実に相手の気持ちに向き合い、彼女の人生の応援をすることを肝に銘じましょう。さもなければ、自分自身の今後のキャリアを揺るがすような泥沼にはまり込むこともあり得るのですから。

訴えられたら

職場や大学の相談窓口に女性が駆け込み、訴えが始まることもあるでしょう。そういった組織内の解決を試みずに、弁護士に直接相談に行く女性もいるでしょう。相手の男性には、人事課長や相談室から呼び出しがかかります。弁護士から、内容証明付きの文書が届きます。在宅していた奥さんが受け取って、いったい何なの、と早くも騒動が始まるかもしれません。寝耳に水でびっくりにしろ、ああやっぱりにしろ、男性にとっては、本書第三章で述べたように、「悪夢の始まり」です。

ここで呼び出しや文書を無視してほおかむりしてしまいたいという気持ちが起こっても、それを実行するのは得策ではありません。内容証明付き郵便を受け取らなければ、受け取るだけ受け取っても無視していれば、相手の弁護士は、今度は男性の職場に郵送したり連絡したりしてきます。交渉ができないとわかれば、相手はすぐに裁判に踏み切ることになるかもしれません。職場の人に知られたくないのなら、いきなり裁判所に呼び出されたくないのなら、さっさと受け取って相手の弁護士に連絡した方がはるかに上策です。相談室や人事課の呼び出しを無視していれば、直属の上司に連絡がいくだけです。ほおかむりしたい気持ちはやまやまでしょうが、それは問題を悪化させるだけです。

人事課や相談室に出向き、あるいは相手方の弁護士と連絡を取って、女性の訴えの内容を知ることになりますが、そこで女性側の訴えに納得、認めて謝罪する、などという男性は、はっきり言って皆無です。それは、セクハラのケースでは事実とかけ離れたような訴えがありがちだからというわけでは決してなく、本書で詳しく見てきたように、一つの事実、事態についての見方・受け止め方・解釈の仕方が当事者間で大きく異なるのが通例だからです。人間関係やコミュニケーションには互いの意図のずれや行き違いはつきものですが、セクハラではそれが顕著なかたちであらわれトラブル化します。

だから男性にとっては、相手の女性の言い分は「とんでもないカン違い」「ウソ」に見えてしまいます。けれども、訴えはその女性の被害妄想、自分には落ち度はない、と単純に考えてしまうのでは何の解決にもなりません。男性には見えていなかった事実、これまでは見る必要もなかった、二人の関係のもう一つのリアリティがそこにはあるのです。女性からの訴えがあった今、男性は、それに直面すること、彼女の目線に立って二人の「恋愛」や関係について冷静に再考することを迫られているのです。

しかしそれに思い至らない男性は怒り、逆上します。目をかけ可愛がり、楽しい思いもさせてきたはずの相手が、そんな「裏切り」をするなんて、「飼い犬に手を噛《か》まれた」ような気分にもなり、腹が立って仕方がありません。第一、人事課や大学の相談室などで、「加害者」扱いされていることに、プライドが非常に傷つきます。相談を受けただけの段階であってあなたを「加害者」扱いしているわけではないと担当者は言いますが、とてもそんな悠長な気分ではいられません。

女性が直接に弁護士に相談し、弁護士から「代理人」の名称で男性に訴えが届く場合はとくに、彼女の語ったストーリーが、男性を訴える「事実」として、そこには描かれています。自分が極悪な「セクハラ加害者」の姿で描かれていることに愕然《がくぜん》とし、こんな話がそのまま通用してしまったらどうする、と血の気が引くような思いがします。だから男性は、反撃を開始しようとします。そんな話は事実無根である、彼女の言っているのはデタラメだ、と。

その気持ちは十分理解できます。ですが、ここは一番、冷静さがほしいところ。

まず、その女性を攻撃するのはやめましょう。これは非常に重要なことです。訴えられた男性の中には、相手の女性の訴えに反論したいために、相談・苦情処理にあたっている担当者に、いかに彼女の訴えが虚偽であるかを証明しようとし、そもそもその女性は人格が破綻している、いかに病的な問題人物かと言い募るような行動を取る人がいます。その上、担当者に対してだけではなく、自分の周囲の第三者にもそうした「情報」を流そうとします。「とんでもない訴えに巻き込まれてしまった、彼女は自分に逆恨みしている異常人格者なのだ」と触れまわったりしさえします。

しかしこれは、まったく逆効果。男性自身の傷を深くしてしまう行動です。

セクハラ被害は進行中

自分の身を守りたいと、必死に自己弁護する気持ちはわかります。いささか問題のあるたとえですが、殺人や窃盗など、身に覚えのない罪に問われたならば、そうするのが当然でしょう。しかし、ここには大きな違いがあります。それは、殺人や窃盗ならことはもう終わっていますが、セクハラを訴えてきた女性にとっての被害はまだ進行中だということです。男性との関係のせいで精神的な痛手を蒙った上に自分のキャリア、人生が非常に損なわれてしまったと彼女は訴えており、関係は過去のことになっているとしても、彼女の感じている被害は現在も続いているのです。もし、その被害も過去のことと思えるようなら、彼女はあえてセクハラだと訴えはしなかったでしょう。

ですから、男性が相手の女性を攻撃すればするほど、その被害はますます増幅していきます。「あの女性は人格破綻者」「とんでもない嘘つき」――男性が発するそんな言葉は、周囲に広がっていきます。男性は、会社でそれなりに重みのある地位に就いていて部下や周囲に影響力があります。教員ならば、先生を尊敬している学生たちが周りにいるでしょう。それらの人たちは、男性の側に立とうとして、そんな言葉を真に受け――しばしば、さらに誇張して――彼女を攻撃し侮辱する言葉をそのまた周囲にふりまいていきます。そうなれば、その言葉ははなはだ無責任なウワサになって、インターネット上にもばらまかれ、連鎖し拡散していきます。

こうして、すでにセクハラによって苦しい思いをしていた女性にとって、事態はさらに悪化し、彼女の人生、将来はさらに暗いものになってしまいます。ネットも含めた周囲の悪意あるウワサや中傷によって、ひどいうつ症状など、精神的な病理状態に追い込まれてしまうことも珍しくありません。彼女の訴えていたもともとの「セクハラ」に男性の責任がどれだけあったかは判断がつきませんが、彼女の被害感情、セクハラによって生じた被害の事実は増幅し、取り返しのつかないところまでいってしまいます。男性がセクハラしたという嫌疑を晴らそうとして自己防衛することが、かえって、まさしく深刻なハラスメントになってしまうのです。自分で積極的にウワサを流そうとしたのではなくとも、ウワサや中傷の中で彼女は仕事や学校にも行けない最悪の状態になっているでしょう。そうなれば、組織によってセクハラの調査がなされるとき、彼女のその状態が考慮に入れられ、男性にとってより不利な結果になる可能性も大いにあります。

「殺人」「窃盗」と、不穏当な比喩《ひゆ》を先にしましたが、またまた穏当でないたとえをあえてするなら、セクハラを訴えた相手の女性に対して、冷静さを欠いた人格攻撃をしたり非難をまき散らしたりするのは、すでに被害が出ていて疑惑が持ち上がっているにもかかわらず、**有害物質を垂れ流し続けて被害を甚大なものにする公害企業**のようなもの。セクハラだと訴えられて冷静な気持ちにはなかなかなれないのは理解できますが、そんなことになれば、相手の女性にとってだけでなく、男性自身にとって不幸です。

何が問題になっているのかを理解する

そして、女性は何を訴えているのか、組織は何を問題としているのかを冷静に理解することが必要です。

まずは、先にも書きましたように、女性の目線に立って、彼女との「交際」の経緯を考えてみてください。これまで見えていなかったものがそこにはあるはずです。それを認めるのは、苦いことでしょうが、事態を泥沼化しないためには仕方ありません。

組織はいったい何を問題として男性の行動をセクハラとして問おうとしているのでしょうか。組織は決して、女性の訴えを鵜呑みにしているのではありません。会社や大学にとってセクハラ対応は組織の危機管理事項です。相手の女性が学生や顧客、取引先の社員だったとすれば、セクハラに甘い対応をすることは取引先や監督省庁に対してマイナス要因となります。問題が表面化すれば企業イメージが損なわれるおそれもあります。社内や学内の受け止め方にも配慮が必要です。セクハラ対応のためにかかる人事管理コストも問題で、解決に手間取ってしまうのでは担当者としての評価にもかかわります。

女性の訴えに耳を傾け女性を「救済する」という以上に、組織は、組織にとっての合理的な問題解決を求めます。第七章で述べたように、セクハラ事案対応にあたっては、組織が事実をどう評価するかが決め手なのです。男性は、相手の女性との性関係が合意だったかどうかが決め手だと信じ込み、合意だった「証拠」を集めて、これがセクハラであるわけはないと主張しますが、会社にとっての見方は違います。女性の同意があろうがなかろうが、派遣社員と私的な関係を結んで便宜を与えていたことが会社への背信、不必要に出張に女性社員を随行した勤務態度が問題、教育・研究の場として供与されている研究室で女性と性的関係を持っていたことが問題、なのです。そうした逸脱行動をし、しかも相手の女性からは、圧力によって関係を強要した、と訴えられている男性に、組織が厳しい目を向けるのは当然でしょう。それに対し「冤罪」だと言うのは、おかど違いです。

紛糾するセクハラ事案——対抗訴訟

セクハラと訴えられ、組織で調査がなされて処分が下ったその後でも、その認定や処分に納得しないハラッサーも少なくありません。心からの反省をする人は、残念ながら、皆無とまでは言えなくとも、ごく少数派でしょう。内心の不満を抱えるのはやむを得ないとしても、相手の女性に対してその矛先を向けるのは、むしろ自身を危険にさらす行為であることは、処分が下った後でも同じこと。ましてや、「人事課の判断は間違っていた」「○○部長派と○○専務派の対立のせいで嵌《は》められた」などと組織の批判を声高にしていては、「潔白」を明らかにするどころか、逆効果です。気持ちを切り替えて仕事に誠実に取り組む方が組織人としてはずっと望ましいはずです。

しかし、少数ではありますが、組織の処分や判断が不当であると、処分の撤回を求めて会社や大学を相手取って裁判に訴えるケースもあります（公務員なら人事院や人事委員会などへの不服申し立て）。また、セクハラと訴えた女性本人を、名誉毀損や虚偽告訴罪（誣告罪《ぶこくざい》）で訴えるケース、組織と女性両方を訴えるものもあります。

自分が現在働いている組織を訴えるというのはもちろんハードルが高いですから、一般企業の場合で対抗訴訟が起こされているのは、ほとんどが解雇処分後の処分取り消し訴訟ですが、公務員や大学教員の場合、停職・戒告などの比較的軽度な処分で勤務を続けている場合でもしばしば起こされています。自分の会社を訴えるなど、サラリーマンならなかなか踏み切れないものでしょうから、公務員や大学教員の大胆さは際立っています（詳しくは、牟田和恵「「縮減」される意味と問題――セクシュアル・ハラスメントと法・制度」『フォーラム現代社会学』第三号、二〇〇四年、「セクシュアル・ハラスメントとソーシャル・コントロール」宝月誠・進藤雄三編『社会的コントロールの現在――新たな社会的世界の構築をめざして』世界思想社、二〇〇五年を参照）。

裁判を受けるのは憲法で保障された国民の権利ですから、提訴を批判することはもちろんできません。でも、そもそも被害を訴えた女性からすれば、被害が認められやっと決着したはずの問題が、再び蒸し返されて法廷での争いに巻き込まれ、場合によっては被告の立場に立たされるのですから、苦痛ははなはだしいものです。組織にとっても、担当者や責任者が被告席や証言台に立たされ、法廷での長い紛争をしなければならないのですから、コストは莫大《ばくだい》です。

そこまでのリスクを負っても争おうとするのには、自分のメンツ、プライドをどうしても守りたいという思いがあるのだろうと思います。一つは、国際的な名声があったりテレビでもよく登場する有名人だったり、という方々。彼らにとっては、いくらカネや時間がかかっても、徹底的に闘って、完全な潔白は証明できなくとも、「処分に疑わしいところがあった」程度の言質を裁判所で取れれば勝利同然、自分の名声は保たれます。それに、そうした有名人は、何の地位も力もない女性が自分を相手にセクハラだと闘いを挑んだことに、測りがたいほどの怒りを感じているのでしょう。

　他方、失礼ながらそれほどの名声も地位もないはずの人でも、頑張ることがあります。私がこれまで法廷の場などで見てきたところでは、そうしたケースでは、妻の「活躍」が目立っていました。法廷では、傍聴席のかぶりつきに陣取り、相手の女性との関係を否定する夫の証言にわがことのようにうなずき、その女性を蛇蝎《だかつ》のごとく睨《にら》みつける妻の姿を目撃したことは二度や三度ではありません。所属組織を相手取ってまで裁判をして「セクハラ」の事実がなかったと証明したいのは、本人ではなくむしろ奥さんなのでは……、と思わされました。

　もし万一、セクハラで処分を受け、しかしそれに納得できず、潔白を証明すべく闘いたいならば、守るべき自分のメンツ、プライドは、どの程度のコストをかけるべきものか、冷静に計算してみましょう。それに、守りたい体面は、むしろ、妻や子供に対してなのでは？　家族への見栄から、「潔白」を証明したがっているのでは？　やるなとは言いませんが、セクハラ事案の場合、組織を相手に闘うのは、組織に多大な迷惑をかけ、自分のキャリアを結局無に追い込む自殺行為です。それを本当に望んでいるのか、よく考えてみましょう。

たしかにメンツを守ることは大事です。でも、一切自分に非はなかったと言い通し、会社や周囲に迷惑をかけることも、かえってメンツを傷つけてしまいます。譲るところは譲る、誠実で柔軟な対応こそが、男性のメンツを守ってくれるのではないでしょうか。

弁護士を選ぶ

あくまで闘うのなら言うまでもないですが、そうでなくとも、できるだけ傷を少なく解決したいなら、弁護士に相談し代理人として交渉を任せるのも考えるべき選択肢です。ただし、弁護士は万能ではありませんし、それどころか、とくに男性弁護士の中にはセクハラ問題への理解が浅い人もままいますから、要注意。「相手の女性だって合意してたんです」「大人の付き合いだったんです」と男性が説明すると、「それでセクハラだなんて、とんでもない話ですね」「そういう非常識な女性が最近はいますからね」などと相槌を打ってくれるような弁護士もいます。よくわかってくれる！　と嬉しくなるかもしれませんが、そんな弁護士には要注意。女性差別意識に凝り固まって、まったく問題を理解していない可能性が大です。そんな弁護士に任せると、足を引っ張られてとんでもない目に遭います。

だいぶ前のことになりますが、私がかかわったセクハラ裁判で、驚きの経験があります。そのケースは、女性がセクハラの苦情を言ったために、トラブルを起こしたと逆にクビになってしまい、それを不当だと、ハラッサー男性と会社とを相手取って裁判を起こしたものでした。その裁判の中で、証言に立った会社の人事担当取締役は、「男性の側が悪いのはわかっていましたが、男を辞めさせるわけにはいきませんから彼女に辞めてもらいました」と堂々と法廷で言ってのけたのです。取締役氏はきわめて正直にしゃべったのでしょうが、女性を退職に追い込んだのは女性差別のセクハラだと訴えている裁判で、これほどあからさまな差別発言をするとは。あいた口がふさがりませんでした。これで裁判官の心証が悪化したのは間違いありません。

不思議なのは、会社側の弁護士です。なぜそんなことを言ってはまずいと取締役に知恵をつけなかったのか。準備不足でそんな証言をさせてしまったのなら、弁護士の業務上の過誤では、と言っていいくらいです。ですが、後から知ったところによると、そもそも弁護士は、その訴訟の意味がわかっていなかったのです。単なる男女の諍いにすぎない事件、こんなものを裁判に持ち込むなんて、とタカをくっていた形跡がありありでした。裁判は女性の勝訴に終わりましたが、その勝因のいくらかには、相手の弁護士の失策のおかげがあったに違いありません。女性側に立っていた者としては、ありがたくはありましたが、被告男性には多少気の毒な気がしました。

さすがにこれほどひどくはなくとも、今でも、セクハラに理解のない弁護士はいます。長く性関係を持っていた部下の女性にセクハラと告発された中間管理職男性、その関係のおかげで部内ではゴタゴタが起こっており、会社からは「そういう不倫はいかがなものか」と不興を買っていました。だから本人は黙っていたいのに、男性の弁護士は、女性のセクハラ告発が「男性に新しい恋人ができたからその腹いせである」と力説、おかげで会社に対して男性の心証をかえって悪くする結果となったケースも見たことがあります。その弁護士は「恋愛だったのだからセクハラであるわけがない」と主張しさえすれば男性は責任を問われないと単純に考えていたのでしょう。これも、自ら蒔いた種とはいえ、ハラッサー男性にはちょっと気の毒なケースでした。

それに、一応の理解があるとしても、理屈と実践は違うもの。実際、自分の弁護士事務所の女性事務員からセクハラで訴えられた弁護士は何人もいます。弁護士に相談するなら、弁護士の資質や経験をしっかり見極めましょう。

裁判をするのではなくとも、相手との交渉でも弁護士は有用。相手が求めている「誠実な謝罪」は当事者本人には、できにくいもの。でも、ここまで述べてきたように、もっとも望ましいのは、相手との迅速な問題解決です。誠実な対応をすべし、と口酸っぱく言ってきた私の立場でこう言うのもなんですが、どうしても「セクハラをした」と認めたくないならば、多少抽象的な文言で相手の納得を得られる落としどころを見つける手もあります。解決後は第三者に一切他言しないよう約束を求めることもできます。相手の女性に支払う解決金はたしかに痛いかもしれませんが、彼女への謝罪のためであるだけでなく、自分の人生を守るためだと思えば、その意味は違ってくるでしょう。いずれにしろ、トラブルを長引かせないで済む妥協点、可能な限りメンツを守りながら、解決できる道があるはずです。その際、代理人として冷静沈着に相手との交渉をしてくれる弁護士は、役に立つでしょう。

弁護士の助けやおカネを使って「解決」できたならば、そのことはもう忘れてしまいたいことになるでしょう。でも、大事なのは、二度とセクハラを繰り返さないこと。実際、セクハラを繰り返す男性は少なくありません。苦い経験ではあっても、正面から向き合って、今後の人生に生かしてほしいと願います。

私のセクハラ二次被害体験記——あとがきにかえて

本文にも述べた通り、私は、まだ日本にセクハラ、セクシュアル・ハラスメントといった言葉も概念もないころから、セクハラ問題に出会い、研究・実践の両面でかかわってきました。口はばったい言い方ですが、セクハラ問題ではそれなりの専門家です。

そんな私が、セクハラの「二次被害」に遭ってしまいました。

セクハラ二次被害というと、第一義的には、セクハラ被害を受けた人が、その被害を訴えたおかげで圧力をかけられる、プライバシーが侵害される、さらなる威嚇にさらされるなど、当の相手からだけでなく周囲の人々や関係者からひどい扱いを受けて、新たな被害を受けてしまうことをいいますが、私の場合は、それとは少し違って、仕事上関係している人物が起こした問題の余波で職業的・精神的被害を受けたのです。ですから、「二次被害」というより、「派生的セクハラ被害」と言った方が正確かもしれません。

いきさつは以下のようなものでした。

スタートから完成までかなりの期間がかかる、大きな出版事業。私を含む数名の研究者が編集委員として仕事を進めていました。ところがその三年目に至ったところで、委員の一人が、所属組織からセクハラ（所属組織のホームページによると、「不適切な行為」）を問題とされ職を辞するという事態が生じました。

個人的な著作・研究書ならともかく、その企画は、当該学界の全体にかかわると言ってもいい大きな出版事業。それなのに事態に目をつぶったまま、企画を進行させていいのか。しかも学問の内容的にも、そうした問題にはセンシティブであらねばならないはず。私の悩みは非常に深まりました。

しかし関係者たちは、その男性をかばって彼の方が被害者と言わんばかりだったり、傍観者を決め込んだり。道義的・社会的に許されるのかと問題提起する私の方が異端視されました。そして結局、私の方がその仕事から下りることを余儀なくされてしまいました。

それまでその仕事に注いできたエネルギーや情熱が無にされてしまうことの悔しさ……。

おカネのためにやっていたのではありませんが、学術出版事業の慣例で、足かけ三年仕事をしても、交通費以外には何も支払われていませんでした。

この体験は私にいろいろなことを考えさせてくれる契機となりました。セクハラ問題には詳しいつもりの私でしたが、いかにこの問題の根が深く周囲への被害も甚大であるかを、あらためて思い知らされました。しかもそこで私が気付いたのは、当人も関係者もセクハラについての理解が乏しいようであること。自身には何の問題もなかった、自分は「冤罪」の被害者だと信じているらしいご当人。当人以上に都合よく事態を見たがる関係者、遠巻きに第三者的態度を決め込むのが「中立」で正しい態度と考えているらしい方々。実際のところ彼らは、悪意や利己心からというよりも、むしろセクハラとして起こってくる事態に無知であることから、そうした態度を取っているように見えました。

日本有数の知性を誇るはずの方々でもそうならば、一般にはさらにそのような誤解や思い込みがあるだろう。そうした状況を変えることに多少なりとも貢献ができたら、そうした誤解で被害を蒙っている女性たちにわずかでも役に立てたら――。

そんな思いから生まれたのが本書ですが、集英社のベテラン編集者落合勝人氏とディスカッションする中で、男性がセクハラに気付かない理由や背景、事情をよりよく理解してもらうために、恋愛がらみのセクハラだけには限定せず、ちょっとした言葉やふるまいがセクハラになってしまうケースなど、広い範囲で扱うことになりました。そのおかげで、「はじめに」でも書いたように、一般のセクハラ本やマニュアルにはない、「セクハラのわかりにくさ」をより多くの方々にお伝えできる本に仕上がったと自負しています。

しかし、本書をお読みいただいた方の中には、私がむしろハラッサーの側に立った見方をしていると思われた方もおられるでしょう。ハラッサー男性に甘すぎる、タチの悪いハラッサーが多数なのに、その悪質さを見落としてかばっていると。

たしかに世の中には、「セクハラしてても気付かない」どころか、自分の強い立場を意図的に利用してセクハラをしている「確信犯」には事欠きません。ワンマン社長が女性社員に、男性顧客が女性店員に、男性患者がナースに、男性教員が女子学生に。相手がイヤだと言えないことを承知の上で、身体を触ったり無理にキスしたり関係を迫ったり。東京都庁で長くセクハラ問題にかかわってこられた金子雅臣さんは、豊富な現場での経験から、自らの加害性に無自覚で悪質なセクハラを繰り返す男性たちの姿をリアルに描いておられます（『壊れる男たち――セクハラはなぜ繰り返されるのか』岩波新書、二〇〇六年）。そうした悪質なセクハラの防止法、ハラッサーへの対処法ももちろん重要なのですが、本書では、あえて、そうしたケースには、ほとんど触れていません。それはそんな悪質なハラッサーは少ないと考えているからなのではなく、アタマから男性を悪者扱いしていては、誰も聞く耳を持ってくれないだろうという思いからでもあるのです。

実際のところ、「確信犯」ハラッサーの男性と、気付かずにセクハラしてしまう男性は、それほどはっきりと二分されるものではないでしょう。誰でも、「気付けない鈍感さ」を抱えているもの。気付かずにセクハラをしてしまうハラッサーの立場や考え方、感じ方も理解しなければ、真の問題解決にはいつまで経っても届きません。被害を受ける女性側の立場からだけ論じていては、セクハラの「わからなさ」は、いつまで経ってもそのままでしょう。それを変えるのに多少なりとも本書が役立てば、それに勝る喜びはありません。

本書の執筆にあたっては、さまざまな方にお世話になりました。

まず、前述した「二次被害」に遭い、どうすべきなのか思い悩んでいたとき、友人知人である多くの女性研究者の皆さんから、心強い応援をいただきました。そのサポートがなければ、こだわる自分の方がおかしいのかと、セクハラ被害者によくある自責に陥っていたかもしれません。本書は、その仲間たちへのお礼のしるしでもあります。

養父知美弁護士（大阪・とも法律事務所）は、豊富な経験から、本書を書くヒントとなる示唆をくれました。「キャンパス・セクシュアル・ハラスメント・全国ネットワーク」のメンバーほか、これまでともにセクハラ問題に取り組んできた仲間にも多くを負うています。

また、認定ＮＰＯ法人ウィメンズ・アクション・ネットワーク（ＷＡＮ）の仲間にも助けられました。とりわけ、ＷＡＮ理事長である上野千鶴子さんには、出版にあたって格別のご助力をいただきました。それに、同じくＷＡＮのメンバーで、つねに研究仲間として刺激を与えてくれるだけでなく、ハラッサーの心理について独自の観点からヒントをくれる同志社大学グローバル・スタディーズ研究科岡野八代さんには、特別の感謝をしたいと思います。

二〇一三年五月

牟田和恵

牟田和恵（むた　かずえ）

一九五六年生まれ。大阪大学大学院人間科学研究科教授。社会学者（歴史社会学、ジェンダー論）。一九八三年、京都大学文学部社会学専攻卒業。八五年、同文学研究科修士課程修了。八七年、同博士課程退学。八九年、日本で初めて「セクハラ」の語を流通させるきっかけとなった福岡セクハラ裁判に関わる。現在「キャンパス・セクシュアル・ハラスメント・全国ネットワーク」の中心メンバーのひとりとして、この問題に理論・実践の両面から取り組む。

部長《ぶちょう》、その恋愛《れんあい》はセクハラです！

集英社新書〇六九六B

二〇一三年六月一九日　第一刷発行
二〇二三年三月一八日　第六刷発行

著者……牟田和恵《むたかずえ》

発行者……樋口尚也

発行所……株式会社集英社

東京都千代田区一ツ橋二-五-一〇　郵便番号一〇一-八〇五〇
電話　〇三-三二三〇-六三九一（編集部）
〇三-三二三〇-六〇八〇（読者係）
〇三-三二三〇-六三九三（販売部）書店専用

装幀……原　研哉

印刷所……大日本印刷株式会社　凸版印刷株式会社

製本所……株式会社ブックアート

定価はカバーに表示してあります。

ISBN 978-4-08-720696-8 C0236

Printed in Japan

a pilot of wisdom

集英社新書　好評既刊

社会――B

いとも優雅な意地悪の教本　橋本 治
世界のタブー　阿門 禮
明治維新150年を考える ――「本と新聞の大学」講義録　一色 清／姜尚中 ほか
「富士そば」は、なぜアルバイトにボーナスを出すのか　丹 道夫
男と女の理不尽な愉しみ　林 真理子／壇 蜜
欲望する「ことば」「社会記号」とマーケティング　嶋 浩一郎／松井 剛
ぼくたちはこの国をこんなふうに愛することに決めた　高橋源一郎
ペンの力　浅田 次郎／吉岡 忍
「東北のハワイ」は、なぜV字回復したのか スパリゾートハワイアンズの奇跡　清水 一利
村の酒屋を復活させる 田沢ワイン村の挑戦　玉村 豊男
デジタル・ポピュリズム 操作される世論と民主主義　福田 直子
戦後と災後の間――溶融するメディアと社会　吉見 俊哉
「定年後」はお寺が居場所　星野 哲
ルポ 漂流する民主主義　真鍋 弘樹
ルポ ひきこもり未満　池上 正樹
中国人のこころ「ことば」からみる思考と感覚　小野 秀樹
わかりやすさの罠 池上流「知る力」の鍛え方　池上 彰
メディアは誰のものか ――「本と新聞の大学」講義録　一色 清／姜尚中 ほか
京大的アホがなぜ必要か　酒井 敏
天井のない監獄 ガザの声を聴け！　清田 明宏
限界のタワーマンション　榊 淳司
日本人は「やめる練習」がたりてない　野本 響子
俺たちはどう生きるか　大竹まこと
「他者」の起源 ノーベル賞作家のハーバード連続講演録　トニ・モリスン
言い訳 関東芸人はなぜM-1で勝てないのか　塙《ナイツ》 宣之
自己検証・危険地報道　安田純平 ほか
都市は文化《アート》でよみがえる　大林 剛郎
「言葉」が暴走する時代の処世術　太田 光／山極 寿一
性風俗シングルマザー　坂爪 真吾
美意識の値段　山口 桂
ストライキ2.0 ブラック企業と闘う武器　今野 晴貴
香港デモ戦記　小川 善照
ことばの危機 大学入試改革・教育政策を問う　東京大学文学部広報委員会・編

a pilot of wisdom

国家と移民 外国人労働者と日本の未来　鳥井一平
LGBTとハラスメント　神谷悠一／松岡宗嗣
変われ！東京 自由で、ゆるくて、閉じない都市　隈研吾／清野由美
東京裏返し 社会学的街歩きガイド　吉見俊哉
人に寄り添う防災　片田敏孝
プロパガンダ戦争 分断される世界とメディア　内藤正典
イミダス 現代の視点2021　イミダス編集部・編
中国法「依法治国」の公法と私法　小口彦太
福島が沈黙した日 原発事故と甲状腺被ばく　榊原崇仁
女性差別はどう作られてきたか　中村敏子
原子力の精神史——〈核〉と日本の現在地　山本昭宏
ヘイトスピーチと対抗報道　角南圭祐
世界の凋落を見つめて クロニクル2011-2020　四方田犬彦
「自由」の危機 ——息苦しさの正体　藤原辰史／内田樹ほか
「非モテ」からはじめる男性学　西井開
妊娠・出産をめぐるスピリチュアリティ　橋迫瑞穂
マジョリティ男性にとってまっとうさとは何か　杉田俊介

書物と貨幣の五千年史　永田希
インド残酷物語 世界一たくましい民　池亀彩
シンプル思考　里崎智也
韓国カルチャー 隣人の素顔と現在　伊東順子
「それから」の大阪　スズキナオ
ドンキにはなぜペンギンがいるのか　谷頭和希
何が記者を殺すのか 大阪発ドキュメンタリーの現場から　斉加尚代
フィンランド 幸せのメソッド　堀内都喜子
私たちが声を上げるとき アメリカを変えた10の問い　和泉真澄／坂下史子ほか
「黒い雨」訴訟　小山美砂
差別は思いやりでは解決しない　神谷悠一
ファスト教養 10分で答えが欲しい人たち　レジー
非科学主義信仰 揺れるアメリカ社会の現場から　及川順
おどろきのウクライナ　橋爪大三郎／大澤真幸
対論 1968　笠井潔／絓秀実
武器としての国際人権　藤田早苗
小山田圭吾の「いじめ」はいかにつくられたか　片岡大右